28 gan 2020

Louise Dallaire

Les touristes
ne vont pas
à *Abalak*

Un récit qui laisse
des traces... en soi

A Doris Dallaire,
Bon voyage
chez mes amis
nomades du Sahara —
Entre Dallaire, le goût
de l'aventure se partage —
Louise Dallaire
28 fév 09

l'ABC
de l'édition

Louise Dallaire, auteure
www.tagayet.com
courriel : louise.dallaire@gmail.com

L'ABC de l'édition
Rouyn-Noranda (Québec)
www.achatsecur.com/labcdeledition

Conception graphique de la couverture :
L'Agence secrète

Conception graphique de l'intérieur et mise en page :
L'ABC de l'édition

Réviseur-correcteur :
Patrick Poitras de Fol écrit

Ré-impression : juillet 2008

ISBN 978-2-922952-23-0

Dépôt légal
   -Bibliothèque nationale du Québec, 2007
   -Bibliothèque nationale du Canada, 2007

Publié aussi en Belgique aux éditions Thomas Mols sous le titre *Soif* - 2008

Catalogage avant publication de Bibliothèque et Archives nationales du Québec et Bibliothèque et Archives Canada

Dallaire, Louise, 1947-

   Les touristes ne vont pas à Abalak

   (Collection Brise d'océan)

   ISBN 978-2-922952-23-0

   1. Dallaire, Louise, 1947-　　- Voyages - Sahara. 2. Sahara - Descriptions et voyages. 3. Peuls (Peuple d'Afrique) - Moeurs et coutumes - 21e siècle. I. Titre. II. Collection.

DT333.D34 2007   916.604'33   C2007-940564-9

« À mon père, mon inspiration. »

« On croit qu'on va faire un voyage, mais bientôt
c'est le voyage qui vous fait, ou vous défait. »

– Nicolas Bouvier, **L'Usage du Monde**
Petite bibliothèque Payot/Voyageurs, 1992

Carte du Niger

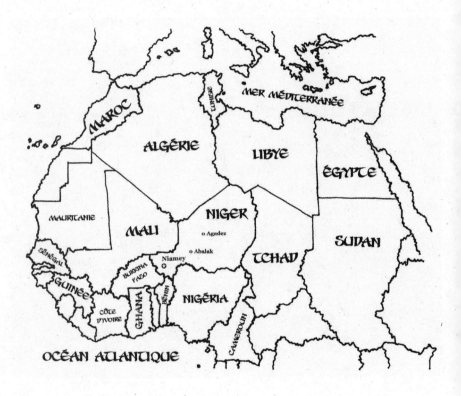

Sanda

La nuit est noire, chaude, humide. Je marche en direction de l'aérogare sans oser me demander ce que je fais sur ce coin de la planète. Je titube. La lourdeur de l'air et les odeurs inconnues m'assaillent. Du plus profond de mon être, une petite voix surgit : « Regarde plus haut! » Je l'écoute et lève les yeux. Au bout de mon champ de vision, apparaît en lettres énormes : Aéroport international de Niamey. *Niamey! Niger! Afrique? Qu'est-ce que je fais ici? Est-ce que je rêve?* Non! Je ne rêve pas. Je suis à Niamey. Soudain, une silhouette d'homme à la fenêtre du deuxième étage de l'édifice attire mon attention. Il est grand et mince, il porte une longue tunique blanche et un turban tout aussi blanc. L'homme est immobile. En posant un pied devant l'autre, je l'observe intensément. Tout me semble si étrange. Sans trop d'espoir, je lève un bras timide en guise de signal. À son tour, l'homme lève un bras. Je peux à peine le croire... Soulagée, je me dirige maintenant avec un peu plus d'assurance vers l'entrée de l'aérogare.

Je me présente. Je m'appelle Louise. J'ai cinquante-cinq ans. Je suis une enseignante à la retraite et, d'aussi loin que je me souvienne, mes rêves sont peuplés d'univers lointains. Enfant, tous les matins, je surveillais le postier qui livrait ses trésors à notre boîte aux lettres. Une fois par mois nous parvenait le magazine « National Geographic ». Pendant des années, en compagnie de mon père, j'en contemplais les photographies exotiques. Celles des grands hommes bleus du désert m'hypnotisaient déjà : des hommes et leurs caravanes de chameaux chargés de sel, arpentant les grandes étendues ensablées. Je rêvais de marcher à leurs côtés, de goûter la chaleur sèche du sable, de dormir près d'un feu de fortune sous l'arbre du Ténéré, arbre célèbre, pas très grand, en forme de parasol, en plein cœur du Sahara. Et puis, avec le temps, en m'amusant à enseigner la lecture, l'écriture, les mathématiques, la géographie, j'ai oublié mes rêves.

Mais, la vie a été bonne pour moi. Mariée au même homme depuis vingt-cinq ans, je suis mère de deux jeunes adultes. Je vis dans une belle grande maison entourée d'arbres matures, dans un quartier recherché, sur un terrain traversé par un pittoresque ruisseau. L'hiver, je patine et je skie dans les bois environnants. L'été, je jardine et je cuisine sur mon feu de camp. Au printemps, j'entaille les érables de la forêt, j'en fais bouillir la sève et je récolte quelques litres de sirop enfumé… Une vie simple, calme, rangée.

Rangée? Pas tout le temps.

Depuis quelques années, je fais des soubresauts, de petites culbutes qui me transportent dans l'espace et parfois dans le temps. Les aspirations de mon enfance ressurgissent. J'ai le goût de voir le monde. Ainsi, à cinquante ans, à l'aube de ma retraite, je pars en Inde, seule avec mon sac à dos, animée de l'intense désir d'écouter la petite voix intérieure qui jadis me guidait et de lui obéir.

Un soir de pleine lune, alors que je suis assise sur la galerie rustique d'un hôtel himalayen sans étoiles, un homme d'âge mûr, à la barbe longue, aux yeux noirs perçants, s'approche de moi :

– Where are you going?

– I don't know…

– What are you doing up here?

– I try to follow my intuition.[1]

Cet homme et sa famille hindoue se rendent à des monastères situés aux sommets des montagnes, à plusieurs jours de marche, et ils m'invitent à me joindre à eux. Après quelques instants d'hésitation, j'accepte. Shuba, le père, affirme : « Tu es au bon endroit, au bon moment et avec les bonnes personnes ».

Pendant ce périple, les membres de la famille de Shuba m'apprennent à vivre comme eux et à prier des dieux dont je ne saisis que le nom. Leurs prières, sincères, vont toujours droit au but. Je crois que la magie fait partie de leur vie tant leurs prières se manifestent rapidement dans le monde physique. « Ce n'est pas de la magie, me répète plusieurs fois par jour le père, c'est la Vie. » Auprès d'eux, à mon insu, j'apprends à accepter, à faire confiance, totalement, afin de survivre dans un milieu parfois hostile et dont les valeurs et les croyances sont si éloignées des miennes.

Quelques années plus tard, une série de hasards me conduit au Pérou. J'enjambe les Andes et j'atterris en

---

[1] Où vas-tu? Je ne sais pas. Que fais-tu ici? J'essaie de suivre mon intuition.

pleine jungle amazonienne. En naviguant sur un confluent du fleuve, au hasard des villages visités, je rencontre un homme détenteur de pouvoirs sacrés : un chaman de l'Amazone. Par des gestes et grâce à des interprètes de fortune, il me convie dans la forêt à une cérémonie nocturne. J'accepte l'invitation et je bois la décoction des deux plantes sacrées de l'Amazonie, qui porte le nom d'ayahuasca. Cette nuit-là, des portions de l'invisible se dévoilent à mon esprit émerveillé. Je découvre le pouvoir créateur de mes pensées et l'angoisse associée à la mort me quitte. Je comprends aussi à quel point je suis liée à tout ce qui existe. Je me demande si c'est de la magie, mais la phrase du père hindou me revient : « Ce n'est pas de la magie, c'est la Vie.» *Se peut-il que tous ces voyages me mènent au même endroit, au plus profond de moi-même?*

Au retour de chaque voyage, je reprends ma routine, synonyme de sécurité et de confort. J'essaie de taire, de repousser la petite voix du cœur, ma passion d'aventures, de recherche intérieure, de contacts nouveaux. Et puis la vie me ramène à ma voie, un peu malgré moi, une fois de plus.

Ainsi, par une superbe journée estivale, je me balade sur le site des Jeux de la Francophonie qui ont lieu, en cette année 2001, dans ma ville, en plein cœur de l'Outaouais québécois. Cet événement attire des francophones de nombreux pays rassemblés autour de compétitions sportives et culturelles. C'est là que, pour la première fois, j'aperçois de grands hommes minces vêtus de longues tuniques et de turbans immaculés. Avec hésitation et une certaine gêne, je me dirige vers eux. Ils sont tous beaux, souriants, accueillants, calmes. Leurs yeux, partiellement camouflés par un chèche[2], brillent d'une intensité peu commune et la peau bleutée de leurs mains longues et effilées me fascine. Feignant un intérêt pour les bijoux qu'ils vendent, je m'informe auprès de l'un d'eux :

— Vous venez de quel pays?

— Du Niger.

— Êtes-vous venus participer aux Jeux? Dans quelle discipline?

— Nous sommes des danseurs peuls.

— Des danseurs... comment?

— Peuls. C'est le nom de notre ethnie. Nous sommes des éleveurs nomades du Sahara.

Des nomades du Sahara?

— Et quand dansez-vous?

— Ce soir, sur la place publique. Tu viendras?

— Oui, bien sûr. Je viendrai avec mon fils. Il est cinéaste.

— Oui. C'est bon.

— Quel est ton nom?

— Sanda.

Fascinée, fébrile, je désire tout savoir sur ces nomades du plus grand désert de la terre... le désert qui a habité mon enfance. Au cours des quelques jours qui suivent, je

---

[2] Long tissu de coton, enroulé plusieurs fois autour de la tête, porté par les hommes du Sahara.

m'acclimate à leur présence, leur taille, leurs vêtements, leurs bijoux et aussi à leur langue française timide et limitée. Nous devons, à plusieurs reprises, nous contenter de rires gênés, de gestes maladroits, de mots simples, mais des liens se tissent.

C'est ainsi que Sanda, chef d'un groupe de danseurs et d'éleveurs peuls du Niger, entre dans ma vie.

La lettre

Un matin du printemps 2002, le facteur dépose une bien curieuse missive dans ma boîte aux lettres. *Une vraie lettre! Des timbres inhabituels! Une enveloppe de mauvais papier! Qui envoie encore des lettres à l'heure du courrier électronique?* J'imagine plusieurs scénarios et j'ouvre fébrilement l'enveloppe. Il m'est difficile de déchiffrer le texte rédigé à la main, dans une écriture incertaine et un français hésitant. Je réussis tout de même à comprendre qu'il s'agit d'une invitation. Traduite, elle ressemble à ceci.

« Madame Louise,

Je vous informe qu'une fête nationale se tiendra au Niger au mois de septembre 2002. Cette fête regroupera les tribus nomades du Sahara. Nous souhaitons que vous soyez parmi nous pour deux raisons. J'attends votre réponse dans l'urgence. »

Sanda

Je relis la lettre à plusieurs reprises. *Une invitation chez les nomades du Sahara! Sanda m'invite pour deux raisons. Lesquelles? Mystère! Au mois de septembre 2002. Quel jour? Quelle fête? À quel endroit? Mystère! Et pourquoi l'urgence?*

Tout ça m'excite beaucoup, mais l'absence de précision pousse l'institutrice raisonnable en moi à reléguer cette invitation aux oubliettes.

Quelques jours plus tard...

Le téléphone sonne. Une amie me propose d'aller méditer dans le silence du Sahara, au sud du Maroc, au début de septembre 2002.

– Au Sahara? En septembre?

– Oui! Nous sommes une dizaine de personnes et nous allons marcher et méditer dans le désert du Maroc. Tu viens?

– Heu... je ne sais pas! lui répondis-je avec stupéfaction. Je t'expliquerai.

Deux invitations pour le Sahara en même temps!? Quelle curieuse coïncidence!

Je jette un coup d'œil à la mappemonde pour m'apercevoir que le Maroc et le Niger sont tout simplement réunis par le... Sahara. *Encore, toujours le Sahara! Pourquoi?*

Le samedi suivant, le groupe de voyageurs se réunit afin de planifier le voyage au Maroc. Ce jour-là, curieusement, le court trajet de chez moi jusqu'à l'endroit de rencontre se transforme en cauchemar : je lis mal les instructions, je prends tous les virages en sens opposé. Le doute s'installe. *Est-ce que ce voyage s'adresse vraiment à moi? Les difficultés que je suis en train d'affronter sont-elles le présage de ce qui se passera dans le désert?*

Avec un peu plus d'une heure de retard, j'arrive à la réunion, épuisée, déconcentrée. Les présentations d'usage terminées, nous méditons en silence. Puis, à tour de rôle, nous exposons nos motivations personnelles à faire ce voyage dans le désert. C'est alors qu'une des personnes déclare :

— J'ai adoré ma récente visite au Niger et, depuis, je rêve de retourner au Sahara.

Au Niger! C'en est trop! Elle parle du Niger alors que nous allons au Maroc! Je sais que la Vie nous parle par l'entremise de divers interprètes et voilà qu'elle m'envoie trois signes qui me rapprochent de ce pays : une lettre d'invitation, un voyage de méditation, cette femme qui a voyagé au Niger. *Pourquoi? J'ai toujours rêvé du Sahara, mais tout de même, c'est trop chaud, trop sec, trop grand. J'aime l'eau, les lacs, les rivières, les montagnes, la neige.* Je salue tous ces gens, les remercie et rentre chez moi.

Sur la route du retour, je m'arrête puiser de l'eau fraîche à la source d'un village. Là, je rencontre un vieux copain. Grand voyageur, il a fait le tour du monde, traversé l'océan Atlantique en voilier, canoté les rivières du grand nord canadien. Il connaît les dangers des expéditions exotiques. Je me confie à lui :

— Le chef d'une tribu de nomades du Sahara m'invite à une fête et je ne sais pas si je dois accepter ou refuser. J'ai peur. Qu'en penses-tu?

Sans hésitation, mon ami réplique :

— Si je recevais une telle invitation, je n'aurais qu'une seule peur.

— Une seule? Laquelle? Dans ma tête, les images défilent : je suis attaquée par des animaux sauvages, ma jeep s'enlise dans le sable, je meurs de soif...

— J'aurais peur de manquer de films pour mon appareil-photo, déclare mon ami.

Sa réponse me saisit. Quelques secondes plus tard, ma décision est prise : je pars. J'irai au Niger et je me rendrai aussi dans le désert marocain avec le groupe de Québécois. Quant à la chaleur, je m'en accommoderai.

Malgré tout, dans ma tête, c'est la panique. La panique totale. *Je voyagerai seule avec un groupe de nomades?* Cette décision échappe à la logique. *Je ne sais même pas où joindre Sanda. Je n'ai pas besoin du désert pour méditer.* J'essaie de me calmer, de ralentir mes pensées. J'observe mes inquiétudes, mes questionnements, mes peurs. Je réussis à me convaincre qu'il n'y a rien de plus dangereux que d'avoir peur et je rejette toute crainte non justifiée. Je me promets d'être sage et prudente : je prendrai tous les médicaments et toutes les injections nécessaires recommandés par la clinique médicale internationale, je ferai toutes les vérifications d'usage auprès de l'ambassade du Niger au Canada et de celle du Canada au Niger. Je prendrai toutes les précautions.

Dès que mon attention se porte vers cette nouvelle aventure, des vagues de picotements me parcourent le corps, de la tête jusqu'aux orteils. Je vibre. Littéralement. Je reconnais ce signe qui, jusqu'à aujourd'hui, m'a toujours indiqué la route à prendre. Je pars dans la confiance la plus totale, je plonge dans l'expérience avec un intense plaisir qui m'étonne moi-même.

Les préparatifs

Les préparatifs s'effectuent aisément et tout se met en place naturellement. Le billet d'avion est réservé, acheté, livré en quelques jours. Je connais la date de mon arrivée à Niamey, la capitale du Niger. Donc, rien n'est trop inquiétant. Tout semble sous contrôle, sauf que… Sanda ne sait pas que j'ai accepté son invitation. *Comment vais-je le joindre? Comment lui apprendre que j'ai un billet d'avion entre les mains et que j'arrive bientôt? Il est nomade dans le désert le plus grand au monde... le Sahara!*

Afin d'avertir Sanda de mon arrivée prochaine, je lui expédie une lettre. Pas de réponse.

Je lui téléphone. Pas de réponse.

Je lui envoie une télécopie. Pas de réponse.

Je lui écris un courriel. Pas de réponse.

Je pense alors à Christian, un ami rencontré quelques années plus tôt dans le cadre d'un atelier sur le conte. Christian vit maintenant à Niamey avec sa famille. Je lui expédie un courriel.

Le doute et l'anxiété refont surface, s'immiscent dans mes pensées et dans mes croyances. *Ai-je pris une décision trop rapide?* Je ressens de la peur... mais je ne veux pas me laisser envahir par cette émotion, sachant bien qu'elle peut engendrer et manifester son objet même dans le monde physique. *Comment faire?* J'invente sur-le-champ une discipline intérieure draconienne. Il n'est plus question d'accepter les idées où se mêlent doutes, peurs, anxiété ou quelconque culpabilité. Toutes ces idées doivent être rejetées avant même d'apparaître dans ma tête. Je transforme instantanément en idée positive ou en comédie hilarante chacune des pensées négatives qui osent s'aventurer dans mon esprit. Les expériences particulières que j'ai vécues en Inde et au Pérou quelques années auparavant m'ont prouvé que nous sommes toujours au bon endroit, au bon moment.

Deux semaines avant mon départ, un courriel apparaît sur l'écran de mon ordinateur. Un ami de Sanda m'apprend qu'il a capté mon message dans lequel j'annonçais mon arrivée pour la fin septembre. Il me répond, au nom de Sanda :

« Madame Louise,

Vous devez changer la date de votre arrivée.
La fête commence le 10 septembre. »

Comment aurais-je pu deviner que la fête débutait le 10 septembre? Dans sa lettre, Sanda n'avait fait aucune mention de la date exacte de la fête. Je décide que ce qui doit arriver arrivera. Si je n'assiste pas à la fête, tant pis. J'irai marcher avec le peuple nomade, vivre avec eux, comme eux, dans le Sahara. J'expédie un court message annonçant que ma date d'arrivée est incontournable, mais que, par contre, la flexibilité est à l'honneur en ce qui concerne les activités durant mon séjour. Plusieurs jours passent sans qu'aucune réponse ne me parvienne. Le stress augmente. Je cherche des appuis autour de moi, mais mon entourage ne comprend pas mes motivations. *Moi non plus, d'ailleurs. Que suis-je en train de faire? Pourquoi partir vers une destination inconnue, avec des inconnus qui ne savent pas que j'arrive?.. Je devrais peut-être partir avec mon fils et sa caméra. Quelle belle occasion de filmer la vie des nomades du Sahara! Mon fils? L'attirer dans une aventure aussi incertaine? Non! Je ne peux pas.*

Ce serait si facile de rester dans le confort de mon foyer, sirotant chaque jour qui s'écoule, sans efforts ni conflits. Mais la sensation est trop forte, le désir d'aventure, trop puissant. Je n'ai aucune envie d'y résister. *La confiance! Totale! Oui! Je me souviens... Je suis capable. Je fais confiance. Je pars seule à la découverte des nomades du Sahara.*

Deux jours avant le grand départ, un second courriel apparaît sur mon écran d'ordinateur :

« Madame Louise,

Vous êtes très chanceuse de ne pas avoir changé la date de votre arrivée. Le président de la République du Niger a changé la date de la fête à cause de la saison des pluies qui s'est prolongée cette année. La fête commencera le lendemain de votre arrivée. On enverra quelqu'un vous chercher. Bienvenue au Niger! »

Et voilà! Je serai au bon endroit et... avec les bonnes personnes! Soulagement et reconnaissance s'installent à l'intérieur de moi.

La veille du départ, je fais mes adieux aux oiseaux qui vivent le long de la rivière des Outaouais. Il y a là des outardes, le cou élégamment tendu vers le ciel, entourées de leurs petits et par terre, éparpillées, des centaines de plumes. Comme si ces oiseaux avaient tous mué en même temps. Sans réfléchir, j'en ramasse quelques-unes, les plus belles, les plus propres. Je les dépose dans un coin de mon sac à dos et, en guise de remerciements, je lance à ces grands oiseaux de généreuses poignées de maïs.

De retour à la maison, je remarque un lacet de cuir abandonné sur un coin de la table. J'attache les plumes ensemble et, à l'aide du lacet de cuir, je fixe le précieux bouquet à mon sac à dos. Les plumes de ces oiseaux m'accompagneront de l'autre côté de l'Atlantique.

J'apporte également des médicaments d'urgence, des diachylons, des pilules pour transformer l'eau en eau potable, deux gourdes, une minuscule tente, des cadeaux, quelques vêtements, des cahiers, des stylos et un journal de voyage.

Destination : le continent africain!

Le Maroc

Fébrile, curieuse, émerveillée, je marche dans les rues de Casablanca. Les parfums, le goût du tajine, les couleurs du marché, la blancheur majestueuse de la ville m'impressionnent. À midi résonnent les haut-parleurs de toutes les mosquées et, tel un écho, les prières coraniques retentissent de loin en loin, scandées par des voix masculines graves, fortes, monocordes. Des cortèges d'hommes en longs vêtements blancs serpentent en silence les rues de la ville et convergent vers les lieux de culte. Je suis en Afrique.

Le troisième jour, j'entreprends, avec mes dix compagnons de voyage, une marche méditative dans le désert marocain. À la vue des premières dunes, j'avance sur le sable et puis, lentement, un plaisir intense me traverse de la plante des pieds jusqu'à la tête. Je reconnais la sensation du sable chaud. Des images surgissent dans mon esprit. Elles viennent de l'enfance, du grand carré délimité par une clôture rouge que mon père avait fait remplir de sable fin. Avec mes amis, je créais villes et villages, ponts et châteaux, magasins et forêts. J'inventais des histoires de vie, j'imaginais des projets. Je pouvais faire, défaire, refaire. Rien n'est jamais permanent dans le sable. Aujourd'hui, je suis encore dans un carré de sable. Cette fois-ci, il est sans bornes.

Chaque lever de soleil inaugure une journée de réflexion dans la splendeur saharienne. Et, malgré la nudité du paysage, malgré la chaleur et parfois le vent, malgré certains inconforts physiques, une joie paisible, intérieure, s'installe. Mes sens, aiguisés, plus raffinés, perçoivent chaque bruit, anticipent la moindre brise, le moindre mouvement du paysage. Le spectacle de formes et de couleurs m'inspire, me coupe le souffle. À perte de vue, le sable découpe des figures sensuelles. Le brun, l'ocre et le bleu se chevauchent. Le désert est silence. Un silence plein, immense, tendre, qui laisse surgir en moi de nouvelles images, des mots inattendus. Le désert est une femme. Une femme qui fait l'amour avec le vent. Le vent la caresse, la cajole, la palpe, l'embrase, la transforme, la déforme, l'enceinte, « l'embedonne », l'accouche de milliers de dunes qui chantent dans le vent. Des brunes, des blondes, des dorées, des rousses se baignent dans le silence amoureux. Plantureuses, joyeuses, j'aime les dunes.

Accompagnés de trois chameliers expérimentés et soutenus par plusieurs chameaux, jour après jour, nous suivons les traces des caravanes, nous dégustons couscous et tajines et nous dormons sous les étoiles. À chaque halte, nous prenons le temps de partager nos découvertes individuelles, le fruit de l'exploration de notre espace intérieur, sans frontière, illimité, et nous rendons grâce à la Vie.

Au terme de cette marche, mes compagnons rentrent au Canada. Avant leur départ, je remercie chacun et chacune pour cette merveilleuse aventure au Sahara. Peu importe le temps, peu importe la distance, l'énergie émanant du cercle sacré que nous avons créé ensemble nous sera disponible, au besoin.

Curieuse et confiante, je me prépare à la deuxième partie de mon périple africain. J'attends un avion qui traversera le Sahara avant d'atterrir à Niamey, la capitale du Niger.

Arrivée au Niger

Malgré la nuit noire, je reconnais le large sourire de Sanda à la fenêtre du deuxième étage de l'aérogare de Niamey. *C'est bien lui! Sanda est venu me chercher.* Mon cœur, qui bat la chamade depuis l'atterrissage de l'avion, s'apaise quelque peu et les sueurs froides dans mon dos s'assèchent sur-le-champ. Je suis au bon endroit, après tout. *On est toujours au bon endroit.*

Je me dirige vers l'entrée de l'aérogare et le comptoir des douanes. Derrière moi, dans la file d'attente, une femme nigérienne réclame mon attention. Elle me tend le formulaire à remettre aux douaniers. Il n'est pas rempli.

– Vous pouvez m'aider à remplir cette feuille? me demande-t-elle.

– Certainement. Quel est votre nom?

Je traduis en lettres les sons que j'entends.

– Dans quelle ville habitez-vous?

– Abalak.

– Oh! Je crois que c'est la ville où je vais, lui dis-je, excitée par la curieuse coïncidence.

Surprise, elle me répond sans hésiter :

– Ce n'est pas possible. Les touristes ne vont pas à Abalak.

– Ah, je dois me tromper.

Je lui remets ses papiers dûment remplis et nous traversons facilement les douanes. Pendant que j'attends mes bagages, une voix retentit derrière moi :

– Madame Louise! Madame Louise!

Un bel homme, un peu trapu, habillé à l'occidentale, m'interpelle. Je me retourne, lui fais un signe de la main afin de m'identifier.

– Bonne arrivée, Madame. Je suis un ami de Christian. Votre ami Christian est ici. Il vous attend de l'autre côté de cette porte. Nous allons prendre vos bagages. Suivez-moi! dit l'homme.

Très surprise et un peu abasourdie par tant de gentillesse, je réplique :

– Merci, Monsieur. Je vous suis avec plaisir.

Impossible de ne pas repérer Christian dans la foule : très grand, il dépasse tous les autres et, avec joie et gratitude, je le retrouve en cette nuit africaine.

– Christian! Je suis tellement heureuse de te voir ici ce soir.

– Moi aussi. Quel bonheur! Louise, je te présente Unussi. Il est notre chauffeur.

Et puis, dans la foule agitée des arrivées, j'aperçois le noble Sanda, tout de blanc vêtu, les yeux brillants, un large sourire aux lèvres. Il s'approche de moi, lentement.

– Ça va? Ça va? dit Sanda en m'observant.

– Oui, Sanda, ça va! J'ai fait un très bon voyage et je suis heureuse d'être ici ce soir. Je te présente Christian, un ami canadien qui vit maintenant à Niamey avec sa famille, et Unussi, notre chauffeur.

– Ça va? Ça va? répète Sanda.

– Oui, ça va!

Des mots qu'il prononce, je ne comprends que « Ça va? Ça va? ». Le langage des signes et des sourires nous servira d'interprète le temps qu'il faudra. J'apprendrai plus tard que le « Ça va? Ça va? » est une salutation amicale. C'est aussi une expression employée pour meubler les moments d'hésitation durant une conversation.

Je jubile… Quel accueil! Je remercie l'Univers, Dieu, le Ciel et mes trois compères.

Dans la voiture qui nous conduit de l'aéroport au centre-ville, je scrute la nuit chaude et humide. Tout m'apparaît si étrange : il n'y a pas d'immeuble à étages, que des maisons basses qui bordent des rues sombres et sablonneuses. Je lance à Christian :

– Sanda m'a invitée à une fête. Tu veux venir avec nous?

– Je vais y réfléchir. Vous partez quand? s'enquiert Christian.

– Demain, tôt, répond Sanda.

– La nuit porte conseil.

Mes trois amis déposent mes bagages à la chambre numéro 13 d'un petit hôtel du centre-ville de Niamey. En fait, la nuit est déjà très avancée et je dois refaire mes forces, préparer mon corps et mon esprit à l'inconnu qui s'annonce.

– Demain, long voyage, dit Sanda avant de me quitter.

L'hôtel date du protectorat français, au début du siècle dernier, et semble laissé à l'abandon : la peinture se détache par larges pans de tous les coins des murs, la tuyauterie fait d'étranges bruits d'eau. Sans trop me préoccuper de ce que signifie un « long voyage » au Niger, je m'endors au son d'un système de climatisation bruyant et défectueux.

Toc, toc, toc!

– Il est sept heures, Madame!

La douche rafraîchit mon corps et me libère momentanément de mes inquiétudes sur ce qui m'attend. Je me décide à explorer les lieux et découvre une galerie surplombant une cour intérieure où foisonnent une multitude de magnifiques plantes tropicales. Il flotte dans l'air une chaleur reposante, mi-sèche, mi-humide, et un lourd parfum fleuri. J'emprunte l'escalier en colimaçon pour me rendre dans la grande salle à manger vide. Je m'installe à une table, en plein centre de la pièce, tandis que le garçon m'apporte du café, du lait chaud et un croissant. Pendant ma dégustation matinale, le maître d'hôtel s'approche et m'adresse la parole dans un français impeccable.

– Votre ami Christian a téléphoné. Il est en route et vous accompagnera à la fête.

– Merci, Monsieur.

Je ressens un grand soulagement. *J'aurai un compagnon de voyage que je connais un peu.* Christian est jeune et en pleine forme. Il a à peu près l'âge de mes fils. D'origine mixte, père québécois, mère rwandaise, Christian se fond dans le décor, il glisse avec un calme digne dans les situations qui se présentent à lui. Il est grand d'âme, d'esprit et de corps. C'est un artiste, un poète, un grand tisseur de liens d'amitié entre les peuples.

Quelques minutes plus tard, toujours vêtu de blanc, Sanda se présente à la réception de l'hôtel.

– Ça va? Ça va? dit Sanda.

– Oui. Ça va.

– Ça va? Ça va? répète Sanda.

Christian le suit de près, un simple sac à dos suspendu nonchalamment à l'épaule.

– Christian! C'est bon de te revoir ce matin. Merci de bien vouloir nous accompagner, lui dis-je.

Il fait déjà très chaud lorsque, tous les trois, nous quittons les douceurs de l'hôtel.

À partir de ce moment, mon seul confort, je le transporte avec moi. Mon sac à dos de jour contient quelques objets précieux : une gourde d'eau potable, un carnet de notes, des crayons, une brosse à dents, un livre de lecture, des vêtements de rechange et les plumes d'outardes. C'est ainsi que je glisse dans la vie nomade non sans une certaine appréhension.

Au premier bazar dressé sur le trottoir, Sanda s'arrête et achète un banal petit verre qu'il enfouit dans une poche de sa longue robe. *Pourquoi un seul verre? Où sont les autres verres?* J'obtiendrai un peu plus tard la réponse à mes questions.

Après avoir marché plusieurs coins de rues, nous entrons dans l'enceinte d'une grande maison, un centre communautaire, m'explique Christian, pour les Peuls nomades qui visitent Niamey. L'endroit est entouré d'un joli jardin cultivé dans lequel pousse une énorme plante, beaucoup plus haute que moi. Plusieurs rangées de cette plante sont alignées, comme dans un champ de maïs.

– Qu'est-ce que c'est? demandé-je à Christian.

– Du millet, répond mon ami.

Pendant que j'explore le potager, j'entends au loin un bruit sourd, toujours au même rythme. Une femme, longue massue de bois en main, écrase, dans le creux d'un arbre évidé, des grains de millet fraîchement cueillis. Elle est magnifique. Je suis les mouvements de son corps, puis, en silence, nous nous regardons. J'aimerais lui parler, l'aider à battre le mil mais Sanda me cherche.

Une douzaine d'hommes m'attendent à la sortie du champ de millet. Ils observent mes moindres gestes, surveillent mes paroles. Leurs visages expressifs me fascinent. Ils sont calmes, joyeux, souriants. Je peux ressentir la douceur et la gaieté de leur confiance dans la vie. Quelque chose, déjà, tremble dans mon cœur. Je les aime. Et malgré nos énormes difficultés de communication, je comprends qu'ils me protègent et qu'à partir de maintenant, leur attention et leur bienveillance resteront tournées vers moi. Je me sens respectée, aimée avec discrétion, adoptée, en fait. Je les entends répéter :

– Amis de Sanda, amis de Sanda...

De tous ces hommes, Oussa se démarque. Grand, musclé, il a ce sourire qui me magnétise dès le premier coup d'œil. Il ne parle que quelques mots de français, mais je comprends qu'il est nomade et que son travail consiste à visiter les marchés afin de vendre les bijoux fabriqués par sa famille. Alors que les préparatifs avancent, je me rends compte qu'il va faire le voyage avec nous. Sanda lui confie la mission de s'occuper de ma sécurité et de mes bagages. Au bout d'un moment, Oussa aperçoit le paquet de plumes attaché à mon sac à dos. Il m'interroge du regard. Je lui réponds en imaginant que si je le regarde intensément dans les yeux, il va me comprendre :

– Ce sont des plumes d'outarde, un grand oiseau de mon pays, le Canada. Je les ai apportées pour que nous fassions ensemble un très bon voyage.

Oussa a saisi l'essence de mes paroles. De nouveau, il sourit. Un peu à l'écart, Sanda écoute attentivement. Lui aussi a compris. Sans attirer l'attention, Christian, qui a observé la scène, jette un regard amusé et complice dans ma direction. Intuitivement, je viens de donner le ton au voyage : grâce aux plumes, nous aurons de la chance.

Christian et moi savons que pour les Amérindiens du Canada, et pour plusieurs premiers peuples, les plumes d'oiseaux représentent un cadeau provenant du Grand Esprit et l'oiseau, en faisant le don d'une plume, nous offre une partie de son essence. Le peuple amérindien les utilise entre autres pour diriger les énergies bénéfiques vers une personne blessée ou malade et les faire pénétrer à l'intérieur de cette dernière. Certaines plumes ont également des valeurs de protection et il suffit de les porter sur soi pour attirer de bonnes énergies.

Pendant que nous attendons un taxi-brousse qui nous amènera à la fête, Christian achète plusieurs petits sacs de plastique remplis d'eau potable et fermés par un simple nœud. J'apprends rapidement à déchirer le coin d'un sac avec mes incisives afin d'en boire le contenu.

Les heures se succèdent et le temps ne bouscule pas le

temps. Il passe, simplement, lentement. J'écris dans mon cahier de voyage : *Que se passe-t-il ici? Qu'attendons-nous? Où allons-nous? Qui voyagera avec nous? Pendant combien de temps voyagerons-nous? Où dormirai-je ce soir? Où est la fête? Est-ce que les mots que j'entends sont des noms de villes ou des noms de personnes ou des noms d'objets?* J'essaie tant bien que mal de contrôler le flot ininterrompu de questions. Aucune réponse. Je dois faire confiance, totalement. J'ai choisi de venir ici. Je dois me laisser aller à l'expérience sans crainte, sans attente. Un mot appris chez les Berbères du Maroc me vient à l'esprit « InchAllah! » ou « À la grâce de Dieu! ». Prononcer le mot me calme.

Un peu plus tard, Sanda s'approche de moi :

— Ça va? Ça va? dit-il.

— Oui, ça va.

— Ça va? Ça va? Répète-t-il.

— Ça va, dis-je encore.

— Je monte dans la voiture, dit Sanda en montrant une voiture stationnée tout près.

— Tu t'en vas? dis-je, surprise.

— Oui. Je viens? questionne Sanda en pointant du doigt la voiture.

Ce que j'entends ne correspond nullement aux gestes de mon hôte. Je ne comprends plus rien. Il me faudra un certain temps pour saisir que lorsque Sanda utilise le pronom « je », il veut dire « tu ». Par exemple, lorsqu'il m'annonce « Je monte dans la voiture », cela signifie « Tu montes dans la voiture ». Il s'agit simplement de traduire. Et lorsqu'il me demande :

– Qu'est-ce que je veux manger?

Je réponds : «J'aimerais des bananes», convaincue que c'est ici, dans ce pays, la nourriture la plus facile à trouver. Sanda, visiblement déçu, disparaît dans la foule environnante. Il ne revient que beaucoup plus tard, un sac rose sous le bras. S'approchant de moi, il m'offre le sac rempli de minuscules bananes vieillies en disant :

– Au Niger, pas de bananes. Faut pas demander de bananes. Ça va? Ça va?

– D'accord, Sanda. J'ai compris. Je croyais qu'il y avait des bananes partout en Afrique. Tu dois me le dire si tu ne peux pas trouver ce que je demande.

Je me rendrai compte plus tard que Sanda ne me dit jamais non. C'est un concept culturel important que j'ignorais. Un hôte peul se doit d'acquiescer aux demandes de son invité. Cette coutume allait me valoir bien des privilèges et causer plusieurs maux de tête à mon hôte.

Quelques bananes noircies en mains, je suis assise à bord du taxi-brousse, ne sachant ni où je vais ni combien de temps durera le périple.

Tout de go, le conducteur m'est sympathique. Il est jeune, énergique, souriant et il aime sa voiture qui date, malheureusement, d'une autre époque. D'une capacité de cinq passagers, elle accueille aujourd'hui dix adultes qui s'y empilent comme des sardines. Heureusement, les nombreux bagages iront dans le coffre ainsi que sur le toit. Je partage le siège arrière avec Sanda, Oussa, Christian et deux autres hommes tout aussi imposants. Je ne comprends pas : les lois de la physique doivent être élastiques. En tout cas, je ne me sens plus seule du tout.

Sans appui pour mon dos, mon corps vogue entre Christian et Sanda, ma tête aboutit sans avertissement sur la tôle rigide du plafond au moindre coup de roue, à chaque crevasse. Je me fais toute petite sur mon coin de siège alors que les jambes et les corps entiers des autres passagers m'écrasent, me poussent, me coincent. C'est la fin de la saison des pluies et la route, à peine goudronnée, étroite et tortueuse, se faufile à travers villes, villages, rivières débordées, oueds, dunes et oasis. Les arbres se font de plus en plus rares alors que nous entrons graduellement dans le Sahara.

Il fait très chaud dans ce véhicule surchargé. Mon odorat, surpris, capte de nouvelles odeurs. Certaines ont un goût exotique, épicé et doux, d'autres, des personnalités plus fortes, coriaces, âpres. Le voyage est long. Le temps s'écoule au compte-gouttes.

D'innombrables troupeaux de vaches, de moutons et de chameaux accompagnés de jeunes bergers errent dans ce coin du Sahara. Oussa m'aide à les identifier : « Touaregs! Peuls! », dit-il en pointant du doigt les différents campements nomades. *Quelle est la différence?* Après au moins une heure d'observation, je finis par saisir : les bergers peuls possèdent des vaches aux longues cornes qui sont connues sous le nom de « bororos » tandis que les Touaregs ont des chameaux et des vaches à courtes cornes. Une autre particularité attire mon attention : la forme de leurs abris. Les Touaregs construisent des huttes rondes en paille tandis que celles des Peuls ne consistent qu'en quelques bâtons qui soutiennent une toile de caoutchouc.

Plus nous avançons, plus la désertification des paysages me frappe et plus la chaleur s'intensifie à bord. Mon corps sue. Les autres voyageurs semblent pourtant à l'aise.

La route est de plus en plus cahoteuse et ensablée. Tout à coup, Sanda lance au conducteur :

– Arrête!

Sur la route, un jeune homme grand, très mince, décharné même, marche nonchalamment, les deux bras enroulés autour du bâton qu'il tient sur ses épaules frêles. Un tout petit sac est suspendu à un bout du bâton. Cet homme est visiblement épuisé. Dans sa langue, Sanda l'interroge un bon moment et l'homme, le regard triste et hagard, lui répond sans enthousiasme. Sanda se tourne finalement vers les passagers empilés dans notre véhicule et demande des offrandes. Chacun offre quelques CFA (monnaie du Niger) au jeune homme. Celui-ci, surpris et heureux, nous remercie chaleureusement et continue sa route. *Qui est-ce? Que fait-il dans ce coin déserté? La nuit tombe bientôt. Où va-t-il dormir?* Sanda se tourne vers moi et, comme s'il avait deviné mes pensées, répond à toutes mes questions.

– Ce jeune homme travaillait en Mauritanie. Il vivait là, seul, loin des siens. Lorsqu'il a perdu son emploi, il a décidé de rentrer dans son pays natal, le Tchad, pour vivre avec sa famille.

– En marchant? demandé-je.

– Oui! Il va traverser le Niger à pied.

Seul, dans une région désertique et désertée, cet homme va marcher durant des semaines, peut-être même des mois. *Où prend-il son courage, sa détermination?* Admirative, je me dis que je peux tolérer pendant les heures qui suivent les douleurs dans les os, les muscles, le dos. Mon corps commence à s'habituer à l'inconfort.

La nuit tombe. Des lueurs d'ocre et d'écarlate strient le ciel. Je crois percevoir une inquiétude sur le visage de Sanda.

– Vite! Il faut passer avant la nuit, dit Sanda d'un air décidé.

– Il faut passer où avant la nuit? demandé-je, intriguée.

– La saison des pluies a détruit la route un peu plus loin. L'auto ne pourra pas passer. Il faut faire un détour par les dunes avant la nuit.

En effet, un obstacle majeur nous attend : il n'y a plus de route. L'accumulation d'eau des récentes pluies a inondé la route nationale et les gens abandonnent leurs véhicules sur les bords de la rivière en crue. Ils traversent à pied, dans l'eau jusqu'à la taille, leurs bagages sur la tête. Ce spectacle me donne des frissons d'horreur.

– Passe par les dunes! crie Sanda au conducteur.

Sans hésitation, le conducteur obéit. Il fait tourner le volant à gauche et à droite, évitant toutes les ornières. Il épouse le relief du sable. L'oeil aiguisé et les réflexes rapides, il conduit le véhicule comme je dirige mes skis dans la neige. L'auto devient une extension de son propre corps. Je conduis avec lui, montée sur mes skis, émerveillée par la similitude entre la neige et le sable.

Nous dépassons d'autres véhicules enlisés. C'est que le défi est grand. À bord, le silence règne et, le souffle coupé, nous participons à l'exploit du chauffeur. Finalement, l'obstacle est derrière nous.

Je jette un regard vers Sanda qui fixe le paquet de

plumes attachées à mon sac. *La chance est avec nous.*

Mais le voyage n'est pas terminé pour autant.

Au Niger, la pratique veut que les pièces d'identité de tous les voyageurs soient vérifiées à l'entrée et à la sortie de chaque ville ou village. Alors que nous quittons la ville de Tahoua, un des policiers, armé jusqu'aux dents, dit à Christian dans un excès de zèle :

– Ceci n'est pas un passeport. Vous ne pouvez pas passer!

– C'est une photocopie de mon passeport approuvée par l'ambassade du Canada à Niamey. Vous voyez le sceau? C'est le sceau officiel estampillé par l'ambassade. Ceci remplace le passeport, explique calmement Christian.

– Je ne reconnais pas ce genre de papier, c'est une simple photocopie. Ce n'est pas un passeport, hurle l'officier armé.

L'atmosphère s'alourdit, d'autant plus que la nuit est tombée. De plus en plus rustre, l'officier s'adresse à Sanda, qui n'a pas bronché.

– Il est avec vous?

– Oui. C'est un ami.

– Il n'a pas de passeport. Il ne peut pas passer.

– Mais c'est un document authentifié par l'ambassade du Canada.

– Nous ne reconnaissons pas ce genre de papier. Vous devez retourner en ville et faire signer ce papier par le chef de police.

L'attitude intransigeante du policier ne nous donne pas de choix : nous devons rebrousser chemin. Après quelque dix minutes, nous stationnons devant un bâtiment austère, gardé par d'autres hommes armés.

– Nous voulons voir le chef de police, déclare le conducteur.

– Il dort, répond un policier de garde.

– Il faut aller le chercher, insiste Sanda, d'une voix sûre et calme.

Visiblement sorti de son sommeil, le chef de police fait son apparition plusieurs minutes plus tard. Il questionne à peine Christian puis se tourne vers moi.

– Que faites-vous ici?

– Je suis en route pour la fête des nomades, Monsieur. J'ai été invitée par Sanda, dis-je en pointant mon hôte.

– Vous avez un passeport?

– Bien sûr. Le voici.

– Quelle est votre profession?

– Je suis une enseignante.

– Vous enseignez aux enfants?

– Oui.

– C'est très bien. J'espère que vous vous amuserez au Niger. Je vous souhaite un très bon voyage. Revenez nous visiter lorsque la fête sera terminée, insiste-t-il.

Le chef de police signe tous les papiers d'usage et nous salue en agitant ses deux mains dans la noirceur. *Aucune difficulté... Que s'est-il passé?* Nous réintégrons nos places à bord du taxi-brousse et Sanda se tourne vers moi, intrigué. Oussa pointe les plumes.

– Les plumes? dit Sanda.

Plus de quatorze heures depuis notre départ de Niamey. Notre véhicule s'immobilise enfin sur ce que je crois être une place publique, au centre d'un hameau. Les hommes descendent nos bagages et le taxi-brousse disparaît dans la nuit. L'absence d'éclairage m'empêche de distinguer clairement ce qui m'entoure. Je ne perçois que quelques huttes rondes fabriquées de terre sablonneuse et des murs du même matériau qui dessinent les allées entre les cases. Aucune odeur. Le silence recouvre l'endroit comme un linceul. Sanda déroule sur le sable une natte tissée de fils de plastique, y dépose mon sac à dos et se tourne vers moi.

– Louise, tu déposes toi là.

– Euh! Pardon?

En nous écoutant parler Christian et moi, Sanda a déjà appris à utiliser le « je » et le « tu » correctement. Pourtant, je ne comprends pas ou je n'ose pas comprendre ce qu'il me dit. Toute la journée, j'avais observé les différentes sortes de maisons, d'hôtels, de restaurants. J'avais imaginé divers scénarios pour ma première nuit de nomadisme. *Serait-ce un hôtel simple, sans air conditionné? Peut-être une hutte ronde ou carrée, y aurait-il un ventilateur au plafond? Ou bien allais-je planter ma petite tente dans un terrain de camping?* Christian me lance un sourire en coin.

– Louise, je crois que c'est ici que tu passes la nuit.

– Christian, ce n'est pas possible.

Puis, Sanda reprend :

– Louise, tu déposes toi là.

Je dois me résigner. C'est ici, sur cette natte, sur le sable durci, que je vais dormir et mon corps va devoir s'y habituer. Je veux aller aux toilettes, brosser mes dents, changer mes vêtements. Que de luxe à oublier! Je dépose mon corps fatigué au milieu de la natte, Sanda se couche à ma gauche et Christian s'installe à ma droite. Nous n'avons pour nous trois qu'une seule couverture, malgré tout assez grande pour nous couvrir. Les yeux rivés sur le plafond d'étoiles, je lance un appel à l'aide. J'invente une prière pour l'occasion et je ferme les yeux.

Le réveil

Des voix étranges raisonnent à mes oreilles…

— Foma.

— Foma.

— Foma.

Je m'éveille doucement en gardant les yeux fermés. Je suis descendue d'un avion il y a moins de vingt-quatre heures. Je ne suis pas certaine de savoir où je suis. *D'où viennent ces sons à basse tonalité, lents et répétitifs?* Le souvenir de notre folle équipée en taxi-brousse me revient en mémoire. Ma conscience s'éveille. Je décide d'ouvrir les yeux et ce que je vois restera à jamais gravé dans ma mémoire.

Tout autour de moi, de grands hommes recouverts de tuniques et de turbans de couleur indigo m'observent. Je m'éveille à un autre univers, une réalité totalement inconnue. Leurs palabres tranquilles m'apaisent. Je n'aperçois que le blanc de leurs yeux clairs et leurs mains effilées, lisses et colorées par la teinture bleue du tissu. Je reste là, bouche bée. Je suis à l'intérieur du magazine « National Geographic » de mon enfance. Me voici, moi, l'étrangère à la peau claire, étendue parmi eux sur la natte commune.

Sanda, assis, converse avec les hommes. Christian ouvre les yeux.

— Christian, où sommes-nous?

— Sans doute à Abalak.

Sanda nous le confirme. Nous sommes aux portes du Sahara, dans la partie sud appelée le Sahel. Le village d'environ cinq mille habitants, situé à plus de sept cents kilomètres au nord-est de Niamey, porte le nom d'Abalak. C'est ici que les touristes ne s'arrêtent pas...

— Les touristes ne vont pas à Abalak, m'a dit une femme à l'aéroport.

— Louise, tu n'es pas une touriste, me répond Christian.

Tout autour de nous, j'aperçois des silhouettes féminines. Certaines, assises sous un toit de paille, s'éveillent. D'autres, timidement, s'approchent de la natte. Elles sont belles, grandes, élancées, d'un port royal. Elles m'observent du coin de l'oeil, étonnées. Qui est cette femme blanche étendue sur la natte au milieu de leurs hommes?

À l'instant où je détourne mon regard vers Sanda, il se lève et me fait signe de le suivre. Le moment est venu de déménager nos pénates. Après tout, nous sommes nomades! Je prends mon sac et me prépare à l'installer sur mon dos lorsqu'un des hommes bleus s'en empare et le pose sur sa tête. Je conserve ma gourde et place mon sac de jour sur mes épaules fragilisées par le manque de confort de la nuit.

À la queue leu leu, nous déambulons dans les ruelles d'Abalak avant d'aboutir à une case qui allait devenir, pour les jours suivants, ma petite oasis. Un mur d'enceinte couleur désert (il est fabriqué en latérite – un

mélange de sable et de ciment - d'environ 1,60 m de haut)
délimite une cour qui, d'un côté, abrite une petite case
rectangulaire, sans fenêtres, construite dans le même
matériau. Des sacs de plastique posés sur des branchages
constituent le toit de la case. De l'autre côté, une minuscule pièce sans porte m'intrigue. J'allais bientôt en connaître les secrets.

La salle de bain

La veille, je m'étais étendue sur la natte tout habillée, souillée par le long et pénible voyage.

Sanda, en hôte prévenant, me rejoint, une chaudière remplie d'eau fraîche sous le bras et m'invite à le suivre. Nous marchons vers la menue pièce qui avait attirée mon attention, en face de la case. Le mur en forme de « L », accolé à l'enceinte, dissimule une salle de bains surprenante. À l'intérieur, il n'y a… rien. En guise de toit, la voûte céleste. Une odeur acide d'urine agresse mes narines. L'urine s'écoule vers la ruelle par un petit trou percé dans le bas du mur, semblable aux trous de souris de chez nous; de là, elle s'infiltre dans le sable.

— Tu te laves ici, dit Sanda.

Ce coin de mur sera ma douche, mon lavabo, mon bain, mon bidet. Tant pis pour l'odeur. Heureuse de trouver un brin d'intimité, je me brosse les dents et lave mon corps avec délice. L'eau est tiède, chauffée par le soleil. Ultime bonheur! Les souffrances de la veille s'effacent. Tout est bien. Sauf que…

— Christian! Où dois-je aller pour les selles?

— Tu dois aller à l'extérieur du village.

Je cherche des yeux des installations, mais il n'y a rien. À l'horizon, le désert à perte de vue. Pas de toilettes, pas de monticules, pas de végétation, pas de buissons.

– Louise, tu dois sortir du village et aller n'importe où. Tu fais comme les chats. Tu creuses et tu recouvres le tout.

– Bon. Je crois que la constipation me va mieux pour l'instant. Je n'ai pas tellement le goût de m'aventurer seule à l'extérieur du village.

– Je peux aller avec toi.

– Pas aujourd'hui. Ça va.

C'était pourtant bien simple. Ce soir-là, j'attendrai la nuit noire avant de m'aventurer seule, en brousse, pour faire comme les chats. Avant de partir, je préviens Sanda :

– Si je ne suis pas revenue dans quinze minutes, viens me chercher.

Sanda me sourit confiant. Bien entendu, il n'aura pas à venir.

Ma visite à l'extérieur du village me porte à réfléchir : l'hygiène locale, la nourriture, l'eau peuvent causer des dommages physiques à mon organisme si je ne prends pas de précautions. Je sors de mon sac les médicaments d'urgence, les pilules pour purifier l'eau et, ce matin-là, une idée qui peut paraître saugrenue me vient à l'esprit : je dois avoir une discussion sérieuse avec chacune des cellules de mon corps. En silence mais d'un ton convaincant, je leur dis : *Mes chères cellules, écoutez bien! C'est ensemble que nous vivons cette aventure. Je vous avoue bien humblement que je n'en soupçonnais pas l'envergure. Nous allons donc poursuivre ce voyage en parfaite santé. Chaque cellule doit accepter ce grand défi. Nous sommes capables, ensemble, de réussir.* Au même instant, ces picotements qui me sont de plus en plus familiers me traversent. C'est le signe, mon corps accepte. Je sens que nous ferons un bon voyage.

Je deviens propriétaire

Sur un coin de natte, Sanda s'entretient avec un nouveau venu, habillé différemment de tous ceux que j'ai vus depuis mon arrivée. Court (il ne me dépasse pas de beaucoup) et mince, il porte un costume deux pièces en coton blanc et un chapeau rond aux couleurs vives. Il n'est ni peul, ni touareg. J'apprends qu'il habite une case dans la cour voisine avec sa femme et ses nombreux enfants. La discussion agitée entre lui et Sanda m'intrigue. Puis, leurs regards se tournent vers moi.

– Louise, je te présente le marabout Abdoulai, me dit Sanda. Il a construit cette propriété.

– Bonjour, Abdoulai.

– Ami de Sanda, dit Abdoulai.

– Nous voulons parler seuls avec toi. Tu viens dans la case? demande Sanda.

Seuls? Un entretien privé? Nous nous retrouvons tous les trois assis sur la natte déroulée à l'intérieur de la case. Sanda prend la parole :

– Louise, cette maison est à vendre. Tu veux m'aider à l'acheter?

– Moi? Acheter quoi?

– Si tu nous aides à acheter cette maison, ma famille et moi, nous pourrons venir y dormir. Tous les jeudis, nous venons à Abalak à cause du marché aux animaux. Il y a déjà un étranger qui veut l'acheter. Nous voulons l'acquérir avant lui.

– Combien coûte une maison ici?

Pendant que nous discutons du prix de la maison, je me dis que je n'ai aucun moyen de vérifier les coûts réels ou de faire quelque comparaison de prix que ce soit. Je ne sais rien des transactions immobilières dans ce pays. Par contre, ce pied-à-terre facilitera la vie de mes hôtes. *Est-ce une bonne idée?* La petite voix intérieure souffle : *C'est bon, vas-y!* La transaction a lieu sans aucun papier officiel ni notaire. Je remets à celui qui se dit propriétaire un montant représentant environ cinq cents dollars canadiens et voilà! Pas de poignée de main, quelques sourires, quelques dollars et me voilà propriétaire d'un mur, d'un arbre et d'une case quelque part dans le désert du Sahara, moins de vingt-quatre heures après ma descente d'avion.

Nous attendons toujours le prochain taxi-brousse pour nous rendre à la fête des nomades et nous passons la majeure partie de nos journées sous « mon » arbre, dans la cour de « ma » maison! Au milieu de ce grand espace couleur sable, l'arbre est une présence rassurante. D'arbre à palabres, il se transforme en arbre de vie. Il est celui qui prend sa source au creux de la terre et laisse la vie s'infiltrer jusqu'à sa surface sablonneuse. Ses branches servent de garde-robes, de corde à linge, de garde-manger et leurs épines se transforment en crayons à dessiner sur le sable. Tôt, chaque matin, c'est à l'ouest de l'arbre que Sanda installe les nattes sous ses branches jusqu'à midi. L'après-midi, il les déplace vers l'est. Nous sommes donc nomades toute la journée, autour d'un arbre, cherchant désespérément à éviter les rayons brûlants du soleil.

Exclusivement entourée d'hommes, je me demande où sont les femmes au moment où l'une d'elles apparaît dans l'enceinte de la maison. Elle transporte un seau rempli d'eau savonneuse. Timide, elle regarde le sol en marchant vers l'arbre, où elle installe le seau à l'ombre. Elle est belle, jeune. Ses longs cheveux nattés tombent sur ses épaules tandis qu'une touffe de cheveux noirs bombe son front, une coiffure d'un grand esthétisme chez les femmes peules. Évitant mon regard, elle s'empare des vêtements que Sanda a portés la veille et se met à laver, à frotter, à rincer. Ses doigts agiles tordent le linge avec une force et une habileté surprenantes. Chaque pièce de vêtement est accrochée aux branches de l'arbre à palabres. Le soleil fera le reste. Elle se prépare à partir, mais je l'arrête gentiment. Par de nombreuses gesticulations, j'essaie de lui faire comprendre que je voudrais utiliser l'eau afin de laver mes propres vêtements. Sans hésitation, elle attrape mon paquet de vêtements et se remet à laver, à tordre et à retordre.

– Non! Je peux les laver moi-même, lançai-je à Sanda afin qu'il traduise mon malaise.

Inutile. En un tour de main, mes vêtements sont suspendus à l'arbre, à côté de ceux de Sanda.

– Le plaisir est pour elle, déclare Sanda.

– Comment dit-on « merci » dans sa langue?

– Abarkidi.

– Quel est son nom?

– Hissi. C'est ma femme!

– Abarkidi Hissi! lui dis-je, en regardant ses beaux

yeux sombres.

Un léger sourire illumine son visage, mais ses yeux restent baissés jusqu'à ce qu'elle disparaisse par la ruelle. Je ne sais que penser : *l'ai-je blessée ou suis-je de trop? Après tout, je passe tout mon temps avec Sanda, son mari.* Je me tourne vers Christian.

– Est-ce que je transgresse des lois ou des habitudes d'ici? Est-ce que Hissi est fâchée?

– Je ne crois pas. Mais il est certain que ta présence change des choses. Tu as remarqué les regards? Jamais un Peul ne regarde directement dans les yeux d'un autre. Pour eux, c'est de l'impolitesse, explique Christian.

– Pour moi, c'est important de regarder dans les yeux. C'est là que je vois s'ils sont honnêtes ou pas, s'ils sont des amis ou non. Que dois-je faire? lui demandé-je.

– Tu fais ce que tu es habituée de faire. Tu verras. Tout ira bien.

Christian fait le pont entre nos deux cultures, il est pour moi un phare dans l'océan d'inconnues que je traverse. Abarkidi Christian!

Toute la journée, les hommes défilent. Avant de s'installer sur la natte, ils déposent par terre la longue épée qui pend à leur ceinture, enlèvent leur chapeau traditionnel et laissent leurs sandales sur le sable. Assis en cercle informel, ils palabrent pendant d'interminables heures. J'assiste sans comprendre, j'écoute sans saisir le moindre mot. Tout à coup, Sanda me tend une vieille lettre jaunie et me demande de la lire. C'est une lettre officielle et le texte, écrit en français, fait état de la construction éventuelle d'un puits pour cette tribu nomade. Mais l'argent, venu des pays développés, n'est jamais arrivé jusqu'à eux, m'explique Sanda. Les demandes à répétition des chefs de la tribu sont restées lettre-morte.

– Ce genre de scénario n'est pas nouveau. Le gouvernement nous promet de l'argent pour un puits et ce, année après année, mais les promesses ne demeurent que des promesses, me révèle Sanda.

– Vous n'avez pas de puits? leur demandé-je.

– Non! Nous buvons l'eau des mares, mais quand la saison chaude arrive, les mares s'assèchent. Nous devons acheter l'eau pour tout le monde et pour les animaux.

– Mais si vous avez un puits, il faudra s'en occuper, rester au puits. Vous ne pourrez plus marcher.

– Le puits aura son gardien et les gens viendront à tour de rôle. Nous avons pensé à tout ça.

– Voulez-vous vous sédentariser, demeurer au même endroit?

– Oui, mais nous voulons aussi apprendre à cultiver. Veux-tu nous aider?

C'est une bien grande demande. J'y réfléchirai plus tard. Pour l'heure, je dois concentrer mes efforts pour m'adapter et vivre dans cet environnement. Par contre, je ne peux m'empêcher de constater à quel point ces gens semblent oubliés. *Existent-ils vraiment, ces nomades du Sahara, ou font-ils seulement partie des histoires mythiques et des contes de fées? Qui a entendu parler d'un peuple nomade sur les bords du Sahara et qui se nomme les Peuls Woodabé? Qui est au courant qu'ils n'ont accès à aucun point d'eau? Qu'ils boivent l'eau des mares stagnantes et insalubres? Qu'ils ne savent ni lire ni écrire? Qu'ils n'ont aucune école pour leurs enfants? Qu'ils doivent*

marcher pendant des jours pour aller vendre un animal au marché
d'Abalak et rapporter quelques provisions pour nourrir la famille?
Qu'ils sont souvent malades et n'ont accès à aucun remède pour les
soulager?

N'ayant rien à faire, je recours constamment à mon
cahier qui est devenu le compagnon de mon attente. J'ai
tout mon temps pour observer, prendre des notes. Dans
les regards de mes hôtes, je sens l'envie qu'ils ont eux
aussi de lire, d'écrire, de connaître. Je rapporte
scrupuleusement chaque événement dans mon journal. Si
je suis distraite, l'un d'eux s'approche de moi, pointe mon
cahier de notes et mon stylo :

– Louise, écris, écris.

– D'accord, dis-je en reprenant mon carnet de notes.

Je consigne tout : les rencontres, la température, les
surprises, les déceptions, leurs réactions, mes réactions,
les activités, les grands vides, les petits miracles et les plus
grands, tout!

Une routine quotidienne s'installe. Dès le lever du
soleil, la journée commence. L'air du matin respire l'enfance, fraîche et dispose. Un nouveau souffle de vie qui
me transmet le courage de continuer. J'observe le silence
alors que mes amis peuls font la prière, à genoux sur des
petits tapis, face à l'est. Je profite de cette période pour
remercier l'Univers, à ma façon. Puis, assis sur la natte
déroulée, nous prenons le thé et dégustons les restes de
riz de la veille, des beignets ou quelques bouchées de pain
dénichées au marché.

D'heure en heure, la densité de l'air se transforme. L'après-midi, la chaleur devient insupportable, écrasante, agressante même, comme une énergie adolescente qui bombarderait de ses rayons fulgurants tout ce qu'elle rencontre. Je dois l'accepter plutôt que tenter de la contrer. Lorsque l'ombre se fait rare, mon chapeau de paille, un chèche, les longues manches, une longue tunique rendent la vie un peu plus tolérable.

Au coucher du soleil, l'air devient épais, concentré, toute brise disparaît. Comme si l'air avançait en âge : il devient moins mobile et nous, plus sereins... Et puis, le jour meurt et je m'endors dans la fraîcheur.

Jeudi, le jour du marché à Abalak.

Oussa étant occupé, Sanda déniche un garde du corps et le charge de nous y conduire, Christian et moi. Nouba, un jeune Peul, fort et fier, prend son rôle de guide à cœur. Il entreprend son nouveau travail en nous déguisant en Peuls. Christian reçoit un chapeau de paille traditionnel de forme rond qui laisse dépasser ses longs cheveux frisés de tous les côtés. Sur ma tête est placé un chapeau tout aussi traditionnel mais en forme de cône. Savamment fabriqué avec du cuir de chameau, il est décoré de multiples lanières entrecroisées. Sur le dessus flotte au vent une magnifique longue plume d'autruche blanche. Nouba retire délicatement la plume. J'apprends par la suite que le port de la plume est réservé aux jours de fête et aux danses traditionnelles.

Nous parcourons les étroites ruelles du village en essayant tant bien que mal d'éviter les coulis d'urines qui s'échappent des murs de chaque maison par les trous de souris. L'odeur est puissante et incontournable. Je respire par la bouche.

Au loin, sur les collines environnantes, mes yeux perçoivent des contours mouvants au milieu d'un nuage de poussière fine. *Est-ce un mirage sur l'horizon désertique?* Bientôt, je vois apparaître de longues caravanes de chameaux. *Seront-ils vendus au marché des animaux?*

À notre passage, les hommes sous leurs chèches, les femmes enroulées dans leurs longs foulards se retournent en souriant, souvent en cachette. Quelques-uns, moins gênés ou moins polis, s'approchent de moi, m'apostrophent ou tentent de toucher mes vêtements. Je suis l'étrangère. *Est-ce la couleur de ma peau? Est-ce mon âge? Est-ce ma façon de m'habiller?* Je ne m'offense pas et continue tranquillement ma visite du marché avec mes deux compagnons.

Des boutiques de fortune, construites le matin même avec quelques bouts de bois qu'on enfonce dans le sable et un toit en toile caoutchouteuse, abritent les vendeurs et leurs marchandises. On y vend des tissus de toutes les couleurs, des outils pour fabriquer des bijoux, des vêtements prêts à porter, des calebasses, des théières, des bâtons de marche, des couteaux, des ustensiles de cuisine, des selles pour les chameaux, du riz, des macaronis, du millet et des beignets. Mais pas de fruits ni de légumes.

À la boutique du tailleur, j'essaie des robes portées par les femmes peules et touarègues. Le couturier m'offre d'en coudre une à ma taille dans les heures qui suivent. J'en caresse l'idée pour vite me rendre compte que mes vêtements représentent pour moi mon dernier lien avec le connu. Ma limite est là. Je ne veux pas changer d'apparence.

Ici, on pratique le troc. Les clients offrent aux vendeurs des objets inusités et on marchande sans stress... apparent. Comme tout le reste, les tractations commerciales se déroulent lentement, au rythme du désert.

Nous voilà sur la véritable place du marché des animaux. Des vaches, des moutons, des chèvres, des chameaux, des ânes se côtoient, tous attachés à des piquets. Autour d'eux gravitent les acheteurs, anxieux de négocier fort et longtemps. Des hommes en tunique aux couleurs pastel, la tête couverte d'un turban, sont là pour acheter et vendre. De jeunes garçons nourrissent les animaux, les abreuvent, apprenant ainsi, par l'exemple, leur futur métier d'éleveur.

À la nuit tombante, les marchands chargent les ânes de tout ce qui n'a pas été vendu, remplissent les charrettes des victuailles achetées et reprennent la route nomadique vers leur famille qui vit en brousse. C'est ainsi que se déroule le marché des animaux à Abalak, le jeudi.

Pour nous aussi, le temps est venu de rentrer à la maison, à *ma* maison!

Assis sous l'arbre, Sanda et ses amis palabrent toujours. En arrivant sur la natte, j'emjambe Oussa, afin de m'installer de l'autre côté, là où il reste de la place. À ce moment précis, l'atmosphère se fige. Personne ne parle, personne ne bouge. *Que se passe-t-il? Qu'ai-je fait?* Sanda m'explique que la coutume défend de marcher au-dessus d'une personne étendue sur la natte.

– Pourquoi? dis-je, surprise.

– La personne peut recevoir du sable dans les yeux, répond Sanda.

Quoi? Je sens que cette explication ne traduit pas exactement la véritable raison, mais Sanda manque de mots pour exprimer ses pensées. Ayant, peut-être, touché à une croyance superstitieuse, je m'excuse auprès de Oussa et auprès de tous, promettant de ne jamais refaire ce geste maladroit. L'incident est vite clos. Oussa, du coin de l'œil, me sourit.

Curieux et intéressé, un des hommes du groupe tente d'en savoir plus sur cette étrangère assise parmi eux.

– Ton pays?

– Très loin, lui dis-je. Mon pays, c'est le Canada. Il est de l'autre côté de l'océan.

À l'aide d'une épine détachée de l'arbre, je dessine sur le sable un croquis de notre planète, des océans, des continents, de mon pays, de leur pays. Attentifs, ils écoutent, regardent les croquis élémentaires, questionnent dans une langue que je ne comprends pas. Je réponds dans la mienne. La langue perd de son importance. J'ai l'impression que les messages se transmettent à un autre niveau, par les yeux, les rires et les sourires. Ainsi se vit une journée sur la natte des hommes.

Cette nuit-là, couchée par terre aux côtés de tous ces hommes, dans mon hôtel aux milliers d'étoiles, sans service et sans confort, j'entends des bruits insolites, désespérés. Je réveille Sanda.

– Que se passe-t-il? D'où viennent ces bruits étranges?

– C'est la vache qui va avoir un veau, me répond Sanda.

Presque chaque nuit, les mêmes bruits : les troupeaux

se renouvellent. Je continue d'être initiée à la vie du désert. Le coq chante le matin, perché sur le mur de la maison, toujours au même endroit, et le soleil apparaît chaque matin à la même heure…

– Foma, foma.

– Ombaligium Gium Sago.

– NoiAylo Gium Sago[3]

Dans ce coin de la planète, les salutations sont importantes et prennent du temps, un temps qui, pour moi, commence à perdre tout son sens. Sanda remarque mon impatience et aujourd'hui, il me propose une activité. Sourire taquin aux lèvres, il pointe le jeune homme qui s'avance vers nous et me tend sa montre :

– Tu vois cet homme là-bas? Il vient par ici. Tu calculeras le temps que nous prendrons pour nous saluer.

– D'accord, répondis-je en riant de bon cœur.

Bientôt, l'homme s'approche et commence les salutations.

– Foma, foma, dit-il en présentant sa main ouverte et en la frottant sur celle de Sanda.

En observatrice amusée, chronomètre en main, telle une entraîneuse de course, j'enregistre le temps d'exécution de cette pratique millénaire.

---

[3] Ça va? Ça va? Et la famille? Et les enfants? La vache? Celle qui a eu son veau? Et le mouton?

– Combien de temps? s'enquiert Sanda, curieux.

– Quatre minutes et dix secondes! dis-je en éclatant d'un rire complice.

En y réfléchissant, on peut déduire qu'au cours d'une seule journée, il pourrait consacrer plus de trois heures pour saluer! Et le rituel se poursuit... Pendant tout ce temps, j'attends, à ses côtés. Je l'observe tout en m'initiant à une vertu que je ne possédais pas au début de ce voyage : la patience.

J'apprends que ces salutations jouent un rôle capital et qu'elles signifient beaucoup plus que je ne croyais. Tout d'abord, on s'informe de l'autre, puis on prend des nouvelles de chacun des membres de sa famille ainsi que des animaux : la vache qui a eu son veau et du bébé veau qui vient de naître, de la vache qui n'a pas eu son veau, de l'âne qui a cherché l'eau, de la chèvre qui a offert sa vie pour devenir une gourde afin de transporter l'eau, etc. Les salutations facilitent la transmission des savoirs, des connaissances, des nouveautés. Elles sont l'Internet du désert et propagent les nouvelles de campements en villages, de villages en villes, de villes en pays. Le nomadisme maintient la tradition orale. Un nomade ne transporte aucun superflu sur ses épaules. La tête suffit. L'auteur peul Amadou Ampaté Bâ résume d'une façon magnifique l'importance de ce genre de communication : « Quand le plus vieux de la tribu meurt, c'est une encyclopédie qui brûle. »

En peu de temps, je me mets à les imiter, à saluer comme eux, à répéter ces sons qui me deviennent familiers. « Foma! Foma! », dis-je en tendant la paume de la main pour la frotter à la leur.

Le calme, la sérénité sont en train d'imprégner mon

organisme, mes cellules. J'inspire et j'expire différemment, plus lentement et donc plus consciemment. Je m'initie à l'Afrique.

En route vers le marché...

Baléri, fils de Sanda, devant la maison familiale.

La cérémonie du thé

Lutter contre la déshydratation est une préoccupation constante.

Oussa est le maître du thé. Chaque matin, après les prières coraniques et les ablutions musulmanes, Oussa extrait tous les ingrédients nécessaires à la cérémonie du thé des multiples pochettes cousues à l'intérieur de sa longue tunique : le sac de thé vert, le bloc de sucre, l'unique verre acheté par Sanda au marché de Niamey et la minuscule théière rouge vif. Sur ses épaules, en bandoulière, il transporte le support en métal qui retiendra les braises.

Le rituel, venu de la nuit des temps, a lieu sur la natte commune. Oussa emplit d'eau potable la théière, y ajoute les précieuses feuilles de thé vert venues de Chine et laisse l'infusion bouillir une première fois. Il jette la première eau dans le sable, à côté de la natte.

— Pour la terre, dit-il dans sa langue.

Il remplit de nouveau la théière d'eau et de sucre et aux premiers bouillons, il commence un jeu de dévidoir. D'un geste sûr, il verse le thé dans le verre en allongeant le filet de liquide. Puis il refait le geste à l'inverse. Le thé retourne dans la théière. Une deuxième fois, puis une troisième. Curieuse, je questionne :

— Oussa, pourquoi verses-tu le thé dans le verre à

plusieurs reprises?

– Trop chaud pour la bouche, réussit-il à me dire dans un assez bon français.

Lorsque le thé est fin prêt pour la consommation, Oussa remplit le verre d'un liquide très noir et me l'offre. Je le remercie et j'avale une gorgée. Le liquide chaud et sucré offre à tout mon corps un réconfort instantané. La faim disparaît, la soif aussi. Mais le thé est très fort. De tous les coins de la natte, on m'observe. Je tourne un regard gratifiant vers Oussa et lui remet le verre vide.

– Abarkidi, Oussa!

Il le remplit aussitôt et l'offre à Christian qui avale la moitié du contenu et donne le reste à Sanda. *Peut-être aurais-je dû partager mon thé?* Ensuite, sans changer les feuilles de thé, Oussa remplit de nouveau la théière, y déposant les quelques morceaux de sucre qu'il a cassés et découpés avec son épée. Ce deuxième thé est aussitôt distribué aux amis, aux invités, dans le même verre. À ma grande surprise, il remplit une troisième fois la théière d'eau et de sucre. Lorsque ce thé est prêt, il l'offre aux femmes et aux enfants. Ainsi se boit jusqu'à la dernière goutte le merveilleux breuvage. Rassasiés, nous nous reposons à l'ombre de l'arbre.

Oussa répète ce cérémonial plusieurs fois par jour, selon les circonstances : le matin au réveil, après le repas du soir, lorsque des visiteurs se présentent. J'apprends, au fil des cérémonies, à attendre le deuxième ou le troisième thé. Ce geste, si simple soit-il, est très apprécié, puisque mes hôtes préfèrent le thé le plus fort.

Je saisis l'idée de l'unique verre : si j'étais nomade, je ne transporterais pas de vaisselle lourde ni sur mon dos ni sur le dos de mes ânes. *Dans ma vie de tous les jours, combien d'objets ai-je en trop? Cette vie pourrait-elle devenir plus simple, plus légère?*

Le marabout

Abdoulai, le voisin de qui j'avais acheté la maison, sa femme et ses filles viennent souvent nous voir. Quelquefois, sa femme cuisine des plats pour notre petit groupe et ses filles aiment observer, en catimini, par la porte entr'ouverte. Je suis désormais leur amie. Dans les quelques mots de français qu'il connaît, Abdoulai répète souvent :

— Sanda, ami. Toi, amie Sanda. Toi, amie moi.

— Merci! Oui. Louise est l'amie de Abdoulai, répété-je.

Grâce à cette conversation toute simple, nous faisons connaissance.

Par un bel après-midi, Abdoulai pointe du doigt ma case et m'invite à y entrer. Sans hésitation, je le suis et m'assieds sur la natte, à côté de lui. Abdoulai s'empare d'un livre vieux comme la terre qui gisait là, dans un coin, sur une planche de bois aussi poussiéreuse que le livre. Puis, avec une extrême délicatesse, il l'ouvre au hasard d'une page remplie de caractères dessinés à la main. Le papier est jauni, fragilisé par le passage du temps et des intempéries. Je crois reconnaître l'alphabet arabe. *Le Coran peut-être?* Je réalise soudain que Abdoulai me donne accès à un très ancien livre coranique. Le moment est solennel. Lorsqu'il replace le livre sacré sur la planche, je tire de mon sac à dos un livre tout neuf illustrant les plus beaux paysages canadiens et je le lui offre en cadeau. Abdoulai, touché, prend délicatement le livre et vient, à genoux, me remercier :

– Abarkidi! Abarkidi! Louise. Toi amie de Sanda. Toi amie de Abdoulai. Abarkidi!

Émue devant un regard aussi sincère et rempli de reconnaissance, je le remercie à mon tour, bien des fois, et nous nous remercions. Dans ce pays, les répétitions comptent.

Nous consacrons le reste de la journée à nous observer écrire. Il copie le Coran, j'écris mon journal. Je lis, il lit. Sans nous en apercevoir, une agréable complicité s'installe entre nous.

Pendant que j'écris, je rêve de questionner Abdoulai au sujet de son métier de marabout, cette profession mystérieuse pour moi. J'aurais tant de questions à lui poser. Je veux savoir comment il pratique, ce qu'il guérit, les prix qu'il demande, le pourcentage de réussite. *Un marabout, qu'est-ce que c'est? Un sorcier? Un guérisseur? Un psychologue? Peut-être tout à la fois. À partir de quels enseignements pratique-t-il son art? A-t-il étudié? Son père était-il marabout? Et sa mère?* Les problèmes de langue nous empêchent de bien nous comprendre. C'est à ce moment que survient un événement qui m'aidera à répondre à quelques-unes de mes questions.

Un beau jeune homme, à l'allure triste, se présente à la porte. Il salue le marabout en jetant un coup d'œil incertain de mon côté, comme pour s'assurer que je ne comprends rien de leur conversation. Après maintes salutations et palabres, Abdoulai invite le jeune homme à s'asseoir sur la natte, en face de lui. Je me lève et me prépare à sortir de la case lorsque, d'un geste gracieux, Abdoulai m'arrête. Il m'indique, du doigt, la natte où il est assis et insiste, dans son dialecte, afin que je prenne place à ses côtés. J'obéis. Et, jambes croisées comme eux, tous mes sens à l'affût, j'assiste à la cérémonie.

Abdoulai sort de je ne sais où une antique lampe à l'huile qui semble avoir survécu à bien des générations de marabouts. Difficilement, il tire sur la mèche usée et gratte de nombreuses allumettes avant de réussir à obtenir un minuscule rayon de lumière. Heureux, un sourire en coin, il reprend le vieux livre du Coran, le dépose sur ses jambes et entame une conversation avec le jeune homme. Les voix résonnent dans la case à la façon d'une oraison, d'une longue prière. Abdoulai ferme ensuite les yeux, lève les deux mains vers le ciel et prononce des incantations rythmées. Le mystère s'intensifie. Je me sens privilégiée d'assister à ce rituel et j'en remercie le ciel.

De nouveau, avec une délicatesse extrême, les mains tremblantes d'émotion, le marabout ouvre, au hasard d'une page, le livre ancien. L'homme devant lui ne bouge plus depuis longtemps. Il n'est que yeux et oreilles. Moi aussi. Abdoulai tient entre ses mains la planche de bois noircie que j'avais aperçue plus tôt. Il regarde le livre, puis la planche. Il regarde l'homme, puis le livre. Souriant, il se met à copier les paroles sacrées du vieux livre sur le bout de planche. Il utilise, pour écrire, un morceau d'os cassé qu'il trempe, à intervalles réguliers, dans une petite calebasse remplie d'encre noire. Il écrit ainsi longtemps, mais je ne saurais dire combien. La planche est maintenant recouverte de phrases en alphabet arabe. Le jeune homme semble n'y comprendre rien, mais il reste là, à attendre. Ce qui se passera par la suite allait, encore une fois, bouleverser mon imagination.

Le marabout prend une toute petite quantité d'eau qu'il verse parcimonieusement sur le haut de la planche. Il penche la planche à la diagonale. L'eau, en glissant vers le bas, efface l'encre des mots. Le liquide noir se déverse à l'intérieur de la courge. Ensuite, avec un grand respect, le marabout offre le vase rempli d'encre au jeune homme. De ses mains tremblantes, celui-ci accepte le précieux cadeau, salue d'un regard tout aussi respectueux le marabout et, d'un seul trait, il avale l'encre noire. Abasourdie, je crois rêver. *Ce n'est pas possible!* Mais oui, il a bu les paroles du vieux livre sacré. Il remercie le marabout, se lève et repart d'un pas alerte et sûr.

Je suis sous le choc. La chaleur est suffocante dans cette case. Je me prépare à sortir prendre une bouffée d'air à l'extérieur lorsque le marabout touche mon bras. Par des signes que je comprends, il m'invite à prendre place là où était assis le jeune homme quelques minutes plus tôt. Prise au dépourvu, je m'installe, jambes croisées, en face du marabout. Je suis sa cliente. *Comme ça, sur-le-champ? Que dois-je dire? Que dois-je faire? Accepter? Comment refuser une telle offre? Mais je ne veux pas boire l'encre!* Je cherche Sanda des yeux afin qu'il intervienne mais il n'est pas là et le cérémonial a déjà commencé.

Abdoulai reprend le vieux livre du Coran, refait les mêmes gestes, les mêmes incantations. Il ouvre à nouveau le livre au hasard d'une page. Et, alors qu'il se prépare à écrire les mots sacrés sur la vieille planche, je l'arrête d'un geste. De mon sac à dos, je retire un cahier ligné et un stylo neufs que je présente en cadeau au marabout. *Le tour est joué. Il va écrire sur le papier que j'emporterai avec moi. Je n'aurai pas à boire l'encre.* Abdoulai fond en remerciements, un large sourire illuminant son visage. Sans perdre un instant, il se met au travail. Il écrit jusqu'à remplir une pleine page du cahier. Je reste là, muette, attentive. Tout à coup, il lève la tête vers moi, me dévisage avec un grand sourire, parle, gesticule dans tous les sens. *Que signifie cette soudaine agitation?* Je ne comprends pas un traître mot et encore moins ses gestes. Seul son sourire laisse croire à une signification heureuse, mais nous devons attendre le retour d'un interprète. C'est Oussa qui se présente le premier. Il écoute le marabout avec attention puis, d'un geste tendre, sans mot dire, il pointe les plumes fixées à mon sac à dos. *C'est bon signe!* Le marabout a confirmé que nous serions protégés au cours de notre voyage. Je saisis les plumes et les serre sur mon cœur. Je salue le marabout avec gratitude.

Un peu plus tard, alors que nous admirons le coucher du soleil, je relate mon aventure à Sanda.

L'école

Aujourd'hui, comme chaque jour d'ailleurs, il fait beau et chaud.

— Nous allons visiter un ami, m'annonce Sanda.

Sortir de la cour ne m'est pas encore familier : c'est un événement. Je m'y prépare en enroulant un chèche bleu sur ma tête afin de me protéger des rayons du soleil et en remplissant une gourde d'eau fraîche.

Sanda et moi empruntons les ruelles d'Abalak, explorant les arrière-cours et les terrains vagues jusqu'à une cour extérieure où nous attendent deux jeunes hommes.

— Louise, je te présente Ibi. C'est un ami. Il est moussa, comme toi.

— Bonjour, Ibi. Tu es moussa? Qu'est-ce que c'est un moussa? Qu'est-ce que je suis, en fait? demandé-je en riant.

— J'enseigne la lecture et les mathématiques aux enfants.

Ibi travaille pour le ministère de l'Éducation du Niger depuis quelques années et parle un excellent français. J'examine avec grand intérêt tous ses papiers officiels qui attestent qu'il est né aux environs de 1970. Il a donc à peu près trente ans. Il ne connaît pas sa date de naissance avec précision, mais il sait qu'il est né durant la saison des pluies.

Ibi est un beau jeune homme, cultivé, poli, propre. Sa chemise rose clair tombe sur des pantalons noirs bien repassés, à l'occidentale. Avec un sourire à faire vibrer bien des cœurs, il nous invite sur la natte. Sa voix grave et calme me charme instantanément et lorsque nous commençons à discuter d'éducation, le temps s'arrête. Sanda reste là, bouche bée, à nous écouter.

Je suis toujours curieuse de connaître les méthodes d'enseignement qui se pratiquent dans les endroits que je visite, mais là, je prends la véritable mesure de ce qui nous sépare.

– Où habites-tu, Ibi?

– Là où je suis. Je suis nomade. Je n'ai pas de maison.

– Où enseignes-tu?

– Dans la brousse.

– Où est ton école?

– Je n'ai pas d'école. Je suis les campements des nomades.

– Combien as-tu d'élèves?

– Je n'en ai pas vraiment. Je dois chercher des élèves en marchant avec les nomades.

– Chercher des élèves?

– Je marche avec les familles nomades et je demande aux parents de laisser les enfants passer quelques heures par jour avec moi.

– Et alors?

– C'est très difficile. Les parents refusent souvent

puisque les enfants de cet âge apprennent à garder les troupeaux. Ils sont bergers. S'ils vont à l'école, les adultes devront s'occuper des animaux. La tradition veut que les garçons soient bergers très jeunes. Ils doivent apprendre à vivre selon la tradition. C'est la survie du clan qui en dépend.

— Les parents reconnaissent-ils l'importance de l'éducation?

— Pas toujours. Ils ont des bouches à nourrir. Si j'offrais de la nourriture à leurs enfants, ils accepteraient de les envoyer à l'école.

— Tu veux nourrir les enfants? Qui préparerait la nourriture?

— C'est moi. J'aimerais que les enfants restent avec moi.

— Où dormiraient-ils?

— Sur des nattes, de la même façon que chez eux. Ils retourneraient dans le campement avec leurs familles lorsque je viendrais en ville chercher mon salaire. Crois-tu pouvoir m'aider à trouver de l'argent pour la nourriture?

— Quelle sorte de nourriture?

— J'achèterais du riz et du mil. C'est tout.

— Et lorsque tu trouves des élèves, avec quel matériel enseignes-tu?

— Je suis très chanceux. Sanda m'a offert une planche de bois sur laquelle écrire avec de l'encre noire.

Un peu plus surprise à chaque réponse que cet homme me donne, j'ose avec peine poursuivre mon interrogatoire sur les conditions de travail de ce collègue du Sahara.

– Qui paie tes services?

– Mon travail est rémunéré par l'État, une fois par mois. Le problème, c'est que mon salaire est versé au village. Chaque mois, je dois aller à pied avec mon âne jusqu'à Abalak pour recevoir mon salaire. Selon l'endroit où je me trouve, il est possible que j'aie à marcher deux, trois jours ou même plus. Je profite de cette visite à la ville pour faire mes provisions en nourriture pour le mois suivant. Je les attache sur le dos de mon âne et je retourne aux campements nomades.

– Aimerais-tu avoir une école fixe et des élèves?

– Bien sûr! C'est mon objectif. Sanda m'a déjà aidé à trouver du matériel pour faire de l'ombre durant la journée. Sanda est bon.

– Oui. Je sais. Je commence à le connaître moi aussi.

Toujours assise à côté de ce jeune et fier enseignant, je reste ébahie un long moment. *Aucun livre! Aucun crayon! Aucun cahier! Aucun élève! Aucun tableau noir! Aucun pupitre! Aucune école! Et il est heureux!*

– Je pars demain. L'année scolaire commence, lance-t-il pendant que je m'éloigne. Si tu veux m'aider, tu le dis à Sanda. Il saura me trouver.

Mon ventre se remet à crier d'impuissance devant tous ces besoins. Je me sens tellement petite. En pensées, je retourne à mon ancienne école, au confort de la classe chauffée, meublée, remplie de tableaux, de craies de toutes les couleurs, de cahiers, de crayons, de jeux éducatifs, de livres, d'ordinateurs branchés sur le monde

entier. Je revois mes élèves entrer en souriant à la bibliothèque de l'école, la cour d'école aménagée, le gymnase
tout équipé, la cafétéria aux odeurs appétissantes.

Cet enseignant possède une planche pour écrire et il
est souriant, si reconnaissant... Auparavant, ses leçons
sur le sable s'effaçaient sans cesse.

La compétition

Assise sur la natte, entourée de nombreux hommes de tous les âges, je me rappelle que j'ai apporté des jeux à l'intention des enfants de Sanda. Pour tuer le temps, je les sors un à un de mon sac à surprises. À la vue de ma pile de jeux, le visage de Sanda se crispe. *Pourquoi une telle réaction?* Avec un enthousiasme à toute épreuve, j'étends sur la natte un jeu de bâtons. Essayant d'attirer l'attention des joueurs, j'explique les règles, je lance les bâtons, je fais des démonstrations. Rien à faire. Un après l'autre, mes amis peuls déménagent leurs pénates sur la natte voisine et je reste là, à jouer avec deux Touaregs intéressés. Le manque d'intérêt évident des Peuls me surprend, mais je n'y porte qu'une attention distraite. Une fois la partie terminée, j'offre le jeu en cadeau au jeune adolescent touareg qui court en trombe partager sa découverte avec ses amis de l'autre côté de notre mur.

L'attitude de Sanda et de ses amis, leur malaise et leur silence commencent à m'inquiéter. Lorsque je sors un deuxième jeu, je vois dans le regard de Sanda que ce n'est pas une chose à faire. *Il y a sûrement une différence culturelle qui m'échappe ici.*

— Sanda, que se passe-t-il? Tu n'aimes pas ces jeux.

Un peu crispé et voulant probablement éviter de m'offenser, Sanda dit :

– Pas en brousse.

– Tu ne veux pas que j'apporte les jeux à tes enfants?

– C'est ça.

Pour la première fois, je me heurte à un refus de la part de Sanda. Ignorant la raison de son inconfort, je me tourne vers Christian :

– Pourquoi Sanda n'aime-t-il pas mes jeux?

– J'aurais dû te parler de ceci lorsque j'ai vu que tu présentais tes jeux, mais tu semblais tellement heureuse de les partager avec les enfants que je n'ai pas été capable de t'en dissuader. Tu sais, les Peuls réussissent à survivre en brousse grâce à la coopération, pas à la compétition. Un gagnant, un perdant, c'est impossible ici. C'est un concept qu'ils ne désirent pas inculquer à leurs enfants.

Je suis atterrée par la découverte. Le partage, l'entraide sont essentiels à la survie des sociétés peules. Les gens naissent interdépendants et la notion même de compétition tuerait leur mode de vie pacifique. L'idée de se comparer à l'autre et d'en faire quelqu'un d'inférieur ou de supérieur, de meilleur ou de pire, de plus beau ou de plus laid n'a pas de sens. Une authentique égalité, un véritable respect de l'autre qui pourraient certainement servir de modèles à toutes les sociétés.

Ce peuple oublié du désert ne cesse de me fasciner et de m'attendrir.

Destination : In Gall

J'avais été invitée à une fête et je n'en entendais plus parler.

– Où est la fête? demandé-je à Sanda.

– Très loin d'ici.

– Quand allons-nous à la fête?

– Bientôt.

Plusieurs jours et combien de découvertes plus tard, je réussis à comprendre que la fête a lieu dans un village du nom de In Gall situé à environ trois cents kilomètres au nord d'Abalak et que nous irons.

Un matin, Christian et moi constatons qu'il se passe quelque chose d'inhabituel. Sanda, absent depuis plusieurs heures, rentre à la maison, visiblement préoccupé. Alors débute un va-et-vient continu de visiteurs inconnus autour de la natte. Des femmes apparaissent et disparaissent, transportant bagages et provisions qu'elles empilent dans un coin du mur de la maison. Hissi, la femme de Sanda, rôde dans les parages sans s'approcher de moi.

Peu de temps après le coucher du soleil, une jeep apparaît dans la ruelle et s'arrête devant l'entrée. Sanda, visiblement content, descend du véhicule accompagné du conducteur, un jeune homme d'une rare beauté.

– Louise, je te présente mon demi-frère, Guidé.

– Bonjour, Guidé. Foma, foma!

– Foma, foma, répète-t-il.

– La jeep est à toi?

– Oui. Je viens tout juste de l'acheter. Ce sera mon premier voyage.

– Nous allons à la fête avec toi?

– Oui. C'est ça. Nous partirons plus tard ce soir.

Guidé parle un français très respectable. Comme Oussa, il a beaucoup voyagé pour vendre les bijoux fabriqués par sa famille. Dans ce coin de désert, il est très rare qu'un Peul soit propriétaire d'un véhicule, et conducteur par surcroît. Guidé est jeune et confiant, mais je doute malgré tout quelque peu de ses talents de chauffeur.

J'observe les opérations d'embarquement, amusée et excédée à la fois : il va nous falloir des heures pour charger cette voiture. Pour nous distraire, je lance à Christian :

– Combien crois-tu qu'il y aura de passagers à bord de la jeep, ce soir?

– Tu veux qu'on parie? répond Christian.

– Certainement. Combien serons-nous, selon toi?

– Je dirais neuf personnes.

La loi canadienne limiterait à cinq le nombre de passagers dans ce genre de véhicule.

– Je vote pour dix personnes ou plus, dis-je.

– Nous verrons bien.

– Et quel est le prix pour le gagnant?

– Hé! Nous sommes nomades. Pas de gagnant, pas de perdant, répond Christian en riant.

L'embarquement a lieu. Je jette un clin d'œil amical à Christian et nous nous mettons tous deux à compter. Christian est bon joueur et accepte la défaite avec le sourire : dix personnes, dont les épouses de Oussa et Sanda, s'entassent sur les deux sièges étroits de la jeep.

Devant nous, trois cents kilomètres de route à peine carrossable, longue, sinueuse, éclairée uniquement par les phares de la voiture et le faible clair de lune.

Nous croisons des troupeaux de vaches, de chèvres, des chameaux traversant la route au rythme du désert. Tout à coup, un assourdissant « Bang! » retentit à mes oreilles. Un pneu a éclaté! La jeep zigzague pendant quelques secondes avant de s'immobiliser sur le bord de la route.

– Tout le monde descend, crie Sanda.

En un instant, le groupe se disperse dans la nuit et je me retrouve seule avec Christian!

– Où sont-ils tous partis?

C'est que tous les passagers profitent de la pause-crevaison pour « aller en brousse »[4] derrière les buissons. L'idée est excellente. Je pars à la recherche d'un buisson inoccupé.

De retour à la jeep, je ressens chez les hommes du groupe une certaine angoisse. Ils observent le pneu, discutent, examinent la situation et discutent encore.

---

[4] Aller aux toilettes.

– J'ai l'impression qu'ils n'ont jamais changé un pneu, dis-je à Christian.

– Tu as probablement raison.

– Tu peux les aider?

– Je vais observer ce qui se passe, répond Christian.

Les hommes peuls continuent de palabrer tout en inspectant les dommages. L'un d'eux dégage enfin le pneu de rechange de l'arrière de la jeep. Christian vient à leur rescousse. Après des efforts considérables et beaucoup de temps, le nouveau pneu est installé. Le groupe remonte dans la jeep et le voyage reprend son cours.

Quelques heures plus tard, la faim se fait sentir. Une halte s'impose. Notre jeep s'immobilise sur le bord de la route nationale, devant un restaurant de fortune, sans mur ni toit. Quelques bancs sont placés çà et là autour d'une marmite remplie de riz. Je m'assieds sur un des bancs avec Christian, Sanda et Oussa.

– Sanda, où sont Hissi et Kawa? demandé-je, un peu d'inquiétude dans la voix.

– Elles sont là-bas, répond-il en pointant un autre banc le long de la route goudronnée.

– Elles n'ont pas faim?

– Si. Elles mangent ensemble.

– Pourquoi ne mangent-elles pas avec nous?

– Les femmes mangent avec les femmes.

– C'est la coutume?

– Oui, c'est ça.

– Et moi, je peux rester avec vous, ici?

– Oui. Ça va. Toi, tu es une étrangère.

Je suis en effet l'invitée de Sanda et je me sens en sécurité avec les hommes. *Me sentirais-je aussi bien avec les femmes?* Je n'ose m'imaginer cuisiner, apporter les repas aux hommes, laver leur linge, m'occuper des enfants, etc.

En apportant deux assiettes de riz, Sanda me demande :

– Est-ce que tu veux du jus de vache sur le riz?

– Pardon? dis-je, instantanément saisie par un puissant haut-le-cœur.

Du jus de vache? Qu'est-ce que c'est? Je n'ai le temps de répondre ni oui ni non que Sanda verse déjà une louche de jus de vache dans l'assiette commune. À l'œil, je me rends alors compte qu'il s'agit tout simplement d'un bouillon de bœuf. Le haut-le-cœur qui a failli me faire vomir se dissipe et je saisis, grâce à ce malentendu, la force évocatrice des mots. Je dois, moi aussi, prêter attention aux mots que j'utilise.

D'un geste galant, Sanda m'offre l'unique cuillère en disant :

– Prends une bouchée.

J'avale une bouchée.

– Passe à ta droite, me dit-il.

– Passe quoi à droite?

Sanda désigne la cuillère que je tiens. L'unique ustensile passe ainsi de main en main, de bouche en bouche, autour de notre cercle et revient par ma gauche. Je prends une deuxième bouchée et je passe la cuillère à mon voisin de droite. Je deviens de plus en plus nomade.

Sanda paie le repas et vérifie la monnaie que le propriétaire lui remet. Je m'aperçois que, même s'il ne sait ni lire ni écrire, il sait compter.

Nous roulons dans le désert noir. Tout à coup, devant nous, un animal traverse nonchalamment la route. Pour l'éviter, le conducteur freine brusquement et, au même moment, il donne d'énergiques coups de volant vers la gauche, vers la droite. La jeep zigzague dangereusement d'un côté puis de l'autre. Le crissement des pneus vient briser le silence du désert. À bord, les passagers tanguent et se frappent les uns sur les autres. La voiture penche sérieusement vers la gauche jusqu'à presque se coucher sur la route. Au bout d'un certain temps, Guidé réussit à redresser le véhicule. *Ouf! Nous l'avons échappé belle! On a évité le tonneau de justesse.* Je préfère ne pas imaginer le pire. Mes yeux croisent ceux de Christian, heureux d'être vivant. Sanda, lui, me glisse à l'oreille :

– Les plumes.

La fête

Seules les étoiles nous éclairent lorsque la jeep s'immobilise devant le poste de garde à l'entrée du village. Ici, pas de panneaux publicitaires, pas même d'électricité. Nous sommes à In Gall, la ville hôtesse de la fête des nomades. Chaque année, les réjouissances ont lieu dans cette oasis où l'eau des mares contient un pourcentage élevé en sels minéraux favorables à la santé des animaux. Depuis la nuit des temps, aussitôt la saison des pluies terminée, des éleveurs nomades venus de tous les horizons guident leurs troupeaux — chameaux, vaches, moutons, chèvres — dans une transhumance de plusieurs centaines de kilomètres et se donnent rendez-vous dans les plaines autour d'In Gall. Christian m'explique que le sol sablonneux était, il y a fort longtemps, le fond d'une mer d'eau salée qui, en se retirant, a déposé des sédiments de sels. C'est ainsi que je découvre enfin le nom de cette extraordinaire fête à laquelle j'ai été conviée : la Cure salée.

Munis de minuscules lampes de poche, des policiers armés vérifient nos papiers avant de soulever la branche d'arbre qui sert de barrière : « Bienvenue à la fête! », disent-ils. Le village ressemble un peu à Abalak, avec ses murs entourant chaque petite maison de sable. Notre jeep s'arrête bientôt devant l'un de ces murs, où une femme, derrière la porte entr'ouverte, nous invite à pénétrer à l'intérieur. Sanda, Oussa, Kawa, Hissi, Christian et moi descendons avec tous nos bagages.

Le spectacle qui m'attend à l'intérieur de ce mur me jette à la renverse : des chèvres, un bouc, des poules, des poussins et cinq enfants de tous âges vivent ensemble.

Cherchant des yeux le coin toilette, c'est mon odorat qui le trouve dans l'obscurité qui règne. *Mais, au fait, je suis chanceuse. C'est le grand luxe ici!* Notre hôtesse nous reçoit dans son domaine de trois cases dont l'une nous est exclusivement réservée. Nous déposons les bagages dans notre refuge surchauffé par le soleil de la journée, avant de dérouler nos nattes dans un des coins de la cour. Ce soir, épuisée par le long voyage et sale, je dépose mon corps dans la basse-cour, avec les animaux et les insectes. Je me rends vite compte que l'endroit est infesté de maringouins. *La malaria! Au secours! J'aurais dû apporter ma tente. Elle est restée dans les bagages à Abalak. J'y serais si bien, dans l'intimité.* Mais, mon drap de couchage cousu sur trois côtés me servira d'abri. Je m'y cache et, en pensée, j'implore les maringouins de me permettre le repos et le sommeil dont mon corps a tant besoin.

Au milieu de la natte, Oussa prépare le thé. Le festin de ce matin consiste en quelques morceaux de pain sec accompagnés d'un bol de riz... mais pas de jus de vache. Entourés de plusieurs curieux, nous mangeons en silence. Une fois rassasiés, Sanda, Hissi, Oussa et Kawa, sortent de leurs nombreux bagages des vêtements dont l'originalité rendrait jaloux bien des grands couturiers.

— Nous mettons nos plus beaux habits pour aller à la fête, m'annonce Sanda.

– Mais je n'ai rien de beau à mettre, dis-je.

– C'est bien. Toi, tu es une invitée.

J'assiste aux préparatifs. Maquillage, longues tuniques toutes plus colorées les unes que les autres, bijoux, foulards, ceintures, colliers, pochettes multicolores de plusieurs tailles qu'ils accrochent à leur cou. Puis, le rituel de la coiffure commence. Sanda et Oussa se coiffent d'un bonnet de lainage rude pour ensuite enrouler autour de leur tête un long chèche indigo tout neuf.

– Sanda, pourquoi mets-tu un bonnet sous le turban? Tu n'auras pas trop chaud?

– Non, au contraire. Il garde la température de ma tête plus basse que la température de l'extérieur.

– Je comprends. C'est comme un frigo chez moi.

Par la suite, Sanda attache une longue épée au manche finement sculpté - véritable œuvre d'art - à sa ceinture. *Il est beau!* Puis, d'un des replis de sa tunique, il sort un flacon recouvert de perles colorées et rempli d'un liquide parfumé dont il s'asperge le corps.

– As-tu apporté du parfum? me demande-t-il.

– Non. Je n'ai aucun parfum, aucun bijou, aucun beau vêtement.

Quelques regrets flottent dans ma tête en même temps que les odeurs exotiques et puissantes. J'aurais aimé, moi aussi, être en habit de fête, parfumée et belle, mais je dois m'accepter, telle que je suis.

L'heure venue, nous partons à pied, tous les six, pour assister à cette fête qui est à l'origine de mon voyage. Mon coeur recommence à battre la chamade. Un seul kilomètre me sépare de mon objectif.

Tout à coup, Sanda s'arrête et dit :

— Je vais aller saluer le chef du village pour l'avertir de notre arrivée. Je reviens tout de suite.

En effet, la coutume veut que les visiteurs annoncent leur arrivée sur un territoire. Sanda n'est pas homme à déroger aux us et coutumes de son peuple. Quelques minutes plus tard, il revient en compagnie d'un grand homme au visage radieux.

— Louise, je te présente le chef d'In Gall. Il va nous conduire à la fête dans sa voiture.

Dans une voiture? Heureuse et très soulagée, je remercie chaleureusement le chef du village pendant que nous nous dirigeons vers le véhicule stationné près d'un mur de sable. La voiture, un modèle difficilement identifiable, a certainement vu bien des aventures. La porte du côté du passager ouvre à peine et, une fois ouverte, est impossible à refermer. Le plancher est criblé de trous assez grands pour voir défiler le désert. Pas un centimètre carré de carrosserie qui ne soit bosselé. Sept à bord. J'ai peur que les sièges ne s'écrasent au sol. Au son d'un silencieux inexistant, nous traversons le village, saluant au passage les villageois comme si nous étions les héros de la fête.

Arrivés sur les lieux, j'aperçois plusieurs rangées de tentes rondes, toutes semblables. « Ce sont les hôtels … pour les visiteurs », me dit Christian. Des boutiques de fortune sont installées à l'écart. Assis par terre, des vendeurs y exposent leur artisanat. À côté, un bar à cola entouré de tables, de chaises sous des parasols. On y sert des boissons gazeuses et de la bière gardées au frais dans des contenants remplis de glace qui fond au soleil. Plus loin, un grand toit d'étoffe abrite des chaises et des fauteuils pour les dignitaires. Le chef d'In Gall nous dépose près de cette grande tente.

Bientôt, des amis de Sanda nous invitent sur leur natte. Tout près de nous, un groupe de jeunes hommes, dans la mi-vingtaine, s'affairent à se rendre beaux et attrayants avant de rejoindre le cercle des danseurs. Ils se ressemblent tous : un visage élancé, un nez long et fin, des lèvres minces, de grands yeux sombres, un corps svelte. Pendant des heures, j'observe, émerveillée, tous les stades de leur métamorphose. La transformation commence avec le maquillage. Assis en lotus, petit miroir en main, ils tracent une ligne jaune à partir du haut du front jusqu'au bas du menton. Leur visage mince s'étire, s'allonge. Après avoir ajouté quelques touches de jaune à la commissure des lèvres et sur les tempes, ils appliquent du noir sous leurs yeux pour, disent-ils, les protéger des rayons du soleil. En réalité, comme Sanda me l'explique, ils désirent insister sur l'effet que produira le blanc de leurs yeux sur les regards intéressés des jeunes femmes. Chez les Peuls, la femme choisit son mari. Elle va préférer l'homme capable d'ouvrir ses yeux si grands que le blanc en occupe la plus grande place. Le blanc des yeux, sa taille et sa pureté, tout comme la blancheur des dents, constituent des attraits de séduction. J'apprends que c'est aussi la raison pour laquelle les hommes mâchouillent pendant des heures, chaque jour, un morceau de bois particulier, acheté au marché ou cueilli en brousse, qui leur sert de brosse à blanchir les dents. Il s'agit d'un geste observé depuis le début de mon séjour qui trouve enfin toute sa signification : attirer les regards féminins.

Cet après-midi-là, sous l'une des tentes pour touristes,

les femmes avaient tressé les cheveux des jeunes hommes en sept nattes de longueur égale et en imbriquant dans quelques-unes des foins odorants, des brindilles de bois, des plumes. Ces objets les protègent contre les mauvais sorts et améliorent leur chance de séduire, au moins pour la nuit qui vient, peut-être pour l'année.

Ensuite, les hommes se vêtent, s'entourent le bas du corps d'une peau de vache finement travaillée et découpée. Ils enfilent une longue soutane de coton indigo, brodée à la main de dessins qui racontent l'histoire de leur clan. Ils ajoutent une longue épée à leur ceinture, des colliers de toutes les couleurs, des pochettes suspendues à leur cou par de fines lanières de cuir et un chapeau de forme conique surplombé par une magnifique plume d'autruche, presque identique à celle qu'on a retirée de mon chapeau lors de ma visite au marché d'Abalak. Si je ne les avais vus se préparer, je croirais qu'il s'agit de femmes tant ils sont maquillés, élégants et décorés.

Juste à côté de moi, un homme prépare le thé traditionnel. En prenant le thé, Sanda, devant tous ses amis, me pose une question tout à fait inattendue :

— Louise, tu veux nous aider à faire un puits?

— Un puits?

— Oui, comme tu le sais, l'eau des mares s'assèche durant la saison chaude et nous devons acheter l'eau à des puits qui ne nous appartiennent pas.

— Sanda, je ne sais pas comment faire un puits! lui dis-je, déconcertée.

Au même moment, des femmes apportent deux grandes calebasses remplies de nourriture. — Je relègue cette demande à plus tard, me promettant de bien y réfléchir. – Munie de l'unique cuillère, je m'intègre à l'un des deux cercles de mangeurs. Cette fois, je connais le rituel et, après ma première bouchée, je passe la cuillère à l'homme situé à ma droite.

Le jour comme la nuit, les bruits et les chants des danseurs deviennent une mélopée qui nous plonge dans un genre de transe. Aucun orchestre et encore moins de système de son pour amplifier leurs cordes vocales. Leur corps est leur instrument : pieds, mains et voix à la consonance aiguë. Des cercles, chacun constitué d'une quarantaine de danseurs identiques, se forment un peu partout. Sur un même rythme, ils tapent du pied sur le sol sablonneux, frappent ensemble leurs mains effilées et balancent la tête d'un côté à l'autre, ouvrant très grand leurs yeux et chantant sans cesse les mêmes notes : « do, sol, mi do... do, sol, mi, do... ». Le cercle se balance. Encore et encore. Des jours et des nuits de danse ininterrompue pour les hommes. Si un danseur tombe d'épuisement, un autre jeune homme le remplace aussitôt. Ainsi se vit la fête, ainsi se fête la vie!

– Sanda, tu ne danses pas?

– Non, pas cette fois.

– Pourquoi?

– Ces hommes qui dansent veulent être choisis par une femme. J'ai assez de femmes. Mais je peux danser encore pendant deux ans.

– Pourquoi arrêteras-tu de danser?

– C'est la tradition. Quand mon premier-né aura atteint l'âge de danser, je devrai couper mes tresses et cesser de participer aux danses.

– Couper tes tresses?

– Oui, tu remarqueras que tous les hommes âgés ont les cheveux courts.

– À quel âge le jeune homme commence-t-il à danser?

– À dix-sept ans.

– Je sais que tu aimes danser. Ce sera difficile pour toi?

– C'est la tradition.

Les jours passent et passent les nuits au son des danses et des chants peuls.

Par un autre matin toujours ensoleillé, nous arrivons tôt sur le site de la fête. Une voix d'homme amplifiée par des haut-parleurs grincheux, annonce l'arrivée des premiers coureurs.

– Des coureurs? demandé-je.

– Oui. Les meilleurs coureurs touaregs de toutes les villes environnantes participent. Cette année, il y en a cent cinquante.

– Ils courent à pied dans le désert?

– Non. Ce sont des courses de chameaux. Ils partent au lever du soleil d'un village situé à cinquante kilomètres et ils doivent courir jusqu'ici. Regarde là-bas!

Flotte en effet sur l'horizon un nuage de fines poussières qui pourrait ressembler à un mirage. La foule, curieuse, est attroupée le long d'une piste ensablée afin d'accueillir le héros du jour. Fébrile, elle lance des cris, des acclamations, des encouragements. Plus les coureurs approchent, plus les bruits s'intensifient.

Tout comme le Peul vit en symbiose avec ses vaches, le Touareg crée une relation très intime avec son chameau. Le chameau, animal vénéré de ce coin de terre, a permis à l'homme d'explorer le désert, de l'apprivoiser depuis le début des temps. L'homme touareg prend place élégamment sur une selle de cuir colorée installée sur la bosse de son chameau, jambes pendantes du côté droit et croisées à la hauteur des chevilles, les mains libres tenant la bride.

Le premier coureur du peloton traverse maintenant, au son des clameurs semblables à des roulements de tambours, une ligne tracée sur le sable. Des femmes, heureuses, déposent des rubans aux couleurs éclatantes au cou du chameau vainqueur alors que d'autres embrassent le jeune homme qui descend de sa monture. Il marche, fier, son chameau en laisse, jusqu'à l'estrade des dignitaires. Le test d'endurance pour l'homme et pour l'animal est terminé. C'est la gloire, les grands honneurs! Visiblement épuisé mais heureux, le jeune Touareg d'Agadez reçoit une récompense – un système de son portatif – puis se retire en saluant la foule en liesse. Suivent les autres coureurs qui traversent la ligne devenue fictive, sans faste ni tambour, plus fatigués les uns que les autres.

Pour prendre un peu de recul et me reposer de tout cet inconnu, je rejoins au bar à cola une dizaine de touristes venus de France. Assise sur une vraie chaise, sous un grand parasol, je m'offre un cola frais en échangeant quelques propos avec ces personnes venues du nord, dans cette langue qui nous est commune. Il s'agit de leur première visite à la Cure salée et elles y sont venues en bus climatisé et confortable. Leur séjour étant écourté à cause des pluies abondantes, elles repartent le jour même. Lorsque leur autobus s'éloigne sur la ligne d'horizon, j'ai un pincement au cœur. *Elles partent, je reste. Oui! Je reste. La fête n'est pas terminée!*

Le maître de cérémonie annonce les spectacles dans le même haut-parleur fatigué selon un ordre préétabli. Des chanteurs, des danseurs, des acteurs, des conteurs de toutes les ethnies du Niger défilent sur la scène improvisée dessinée sur le sable. Des dignitaires – ministres du gouvernement, chefs de villages, journalistes – assistent aux représentations confortablement assis dans les fauteuils sous la grande tente. Voulant moi aussi profiter d'un peu d'ombre, je me faufile dans un de ces fauteuils. D'où je suis assise, je vois les nombreuses rangées de spectateurs qui participent aux festivités sous un soleil de plomb. La plupart sont assis sur le sable durci. Derrière eux, des hommes et des femmes debout s'agitent pour voir les spectacles. Encore plus à l'arrière, des Touaregs, majestueusement installés sur les selles multicolores de leurs chameaux, ajoutent pour moi à l'exotisme de la fête.

Ainsi, les heures passent. Je joue à tour de rôle à la photographe et à la journaliste. Munie de mon carnet de notes, j'inscris tout ce que mes sens aux aguets peuvent capter et lorsque j'entends le maître de cérémonie présenter le sultan de l'Aïr, je suis subitement transportée à l'intérieur d'un conte de fées moyenâgeux. Impressionnée de côtoyer de si près un personnage de légende, je me tourne vers Christian :

— Tu connais le sultan?

— Oui. C'est mon ami. Il vit à Agadez.

— Que fait-il? Quel est son rôle? A-t-il vraiment du pouvoir dans ce coin de pays?

— Il réalise beaucoup de projets pour améliorer la vie des gens, des artistes, des artisans, des éleveurs, des nomades qui passent par ici.

— Depuis quand y a-t-il des sultans?

— C'est une vieille histoire.

— Raconte.

— Il y a très très longtemps, dans la région de l'Aïr, vivait une multitude de clans touaregs qui n'arrivaient pas à vivre en paix. Les factions de différentes tribus se faisaient inlassablement la guerre. Un jour, les chefs de clans, dans un élan de foi, se réunirent et décidèrent conjointement de trouver, à l'extérieur de leur pays, dans une contrée éloignée (en Afrique ou au Moyen-Orient) un souverain qui deviendrait leur sultan et ferait régner la paix. Ils choisirent un sultanat et décidèrent qu'une délégation s'y rendrait et demanderait au roi de donner un de ses fils pour gouverner leur peuple. La route fut longue et périlleuse. Plusieurs trouvèrent la mort avant d'arriver à destination. Ensuite, l'attente fut si longue avant d'obtenir une audition auprès du sultan que certains devinrent ancêtres. Le sultan les reçut finalement et, après entretien, acquiesça à leur demande : il leur céderait un de ses fils.

Il se rendit auprès de ses épouses auxquelles il exposa la situation. Aucune d'elles ne voulut laisser partir un de ses fils pour cette terre lointaine dont ont ne savait rien. Après réflexion, le Sultan, inspiré, décida de leur céder le fils d'une de ses épouses illégitimes, dite femme esclave. Ainsi furent créés le sultanat de l'Aïr et son trône. Depuis ce temps et encore aujourd'hui, c'est le fils d'une des femmes illégitimes du Sultan qui accède au trône.[5]

Aurais-je eu la générosité ultime de laisser partir, sans espoir de retour, un de mes fils? Je ressens une immense compassion pour cette femme qui a dû, il y a fort longtemps, laisser partir son fils bien-aimé. Toutefois, peut-être que c'est grâce à ce don extraordinaire que la région vit maintenant dans la paix et l'harmonie et qu'elle accueille aujourd'hui des visiteurs du monde entier. En silence, je remercie cette mère.

Un peu plus tard, Christian me présente son ami le sultan de l'Aïr ainsi que plusieurs de ses fils. Je ne peux m'empêcher de me questionner sur l'origine et l'avenir de chacun de ces jeunes hommes. *Lequel d'entre eux est le fils illégitime qui accédera au trône?*

Les après-midi, nous faisons la sieste. Près du mur où nous dormons la nuit, Sanda installe un toit de fortune pour adoucir l'intensité des rayons du soleil. C'est une toile attachée à quatre piquets solidement enfoncés dans le sable. De vieilles couvertures y sont ajoutées et le soleil perd, du coup, beaucoup de son pouvoir. Sous cet abri, nous reposons nos corps pendant les heures de trop grande chaleur. Étendue sur le côté, je préfère souvent

---

[5] Racontée et écrite par mon ami Christian.

écrire ou relire mes notes et puis, à bout de force, je laisse tomber ma tête comme un roc sur le sol dur.

Un de ces après-midi encore plus chauds que les autres, Hissi, installée à l'ombre, sort d'une sacoche à l'ancienne des fils de couleurs, des aiguilles et un tissu de coton d'un bleu très foncé. Avec une grande agilité, elle se met à broder sur le tissu des formes géométriques colorées qui n'ont aucun sens pour moi. Pourtant, avec des mots que je ne comprends pas mais qui résonnent dans mon cœur, elle me raconte la broderie. Je laisse mon imaginaire inventer des bribes d'histoires de clans nomades, de caravanes de sels, de batailles pour un puits, de naissances et de morts, toutes brodées sur cet humble tissu. Tout à coup, Hissi s'arrête et me jette un regard insistant en disant :

– Louise.

Prise au dépourvu, j'accepte le fil et l'aiguille qu'elle me tend. Le précieux tissu couleur indigo entre mes deux mains maladroites, je me transforme en apprentie brodeuse peule. Hissi me guide tant bien que mal et je fais beaucoup d'efforts pour réussir une courte ligne de motifs d'un jaune brillant. J'inscris ainsi mes traces sur le futur costume de danse de Sanda et de ses descendants. Mais j'ai peur de ruiner le vêtement. Des sueurs chaudes suivies de sueurs froides traversent mon dos. *Cette tâche est trop difficile pour moi.* Je jette un coup d'œil à mon travail, différent du travail parfait de Hissi, et je lui redonne la pièce de tissu. En souriant, elle reprend l'aiguille et continue dans le calme. L'effort de concentration que je viens de fournir combiné à la chaleur torride m'a complètement épuisée. Je crois m'évanouir. Je tombe sur la natte et m'endors sur-le-champ.

Lorsque Sanda revient au campement, je sommeille encore. À mon réveil, je m'informe :

— Sanda, depuis combien de temps Hissi brode-t-elle ton costume?

— Elle a commencé il y a deux ans.

— Deux ans!

Sanda n'a pas d'attentes. Il est content. Pourquoi serait-il pressé? Un proverbe berbère du Maroc me revient à l'esprit : « Un homme pressé est déjà mort. »

On est en septembre, habituellement le début de la saison fraîche, et pourtant la chaleur augmente de jour en jour. La grande activité de la journée consiste à trouver des parcelles d'ombre, à m'y installer et à attendre. *Mais attendre quoi?* Ce jour-là, j'obtiens une réponse à ma question. Je vois s'avancer vers nous un vieil homme visiblement fourbu portant sur sa tête une grande calebasse. Sanda me dit qu'il marche depuis trois jours et trois nuits dans le désert, transportant ce poids sur ses épaules frêles. Après avoir appris que Sanda avait une invitée, il s'est déplacé sur une longue distance afin de m'offrir le lait de ses vaches. *Quoi? Il a fait ça pour moi?* Souriant, le vieil homme me tend la calebasse. Sans hésiter, je la porte à mes lèvres et découvre un breuvage des dieux. En effet, la chaleur ainsi que trois jours de mouvements constants ont transformé le lait en un yogourt exceptionnel. *Oh! Quel délice! Jamais de ma vie, je n'ai goûté une boisson aussi délectable et rafraîchissante malgré sa tiédeur.*

En deux temps, trois mouvements, le groupe vide le

contenu de la calebasse. Tous heureux, nous le remercions. Le vieil homme, récompensé, s'endort sur un coin de natte.

Le lendemain matin, à son réveil, il crache et tousse. Sanda m'appelle :

— Il a mal dormi toute la nuit. Il est malade. Il n'a pas eu, avant de s'endormir, son lait de vache. Tu peux lui donner un médicament?

Un médicament pour remplacer le lait de vache? Je lui offre un comprimé pour les maux de tête et, en un rien de temps, le médicament agit. Un sourire divin au visage, le vieil homme, à genoux, me remercie.

Chaque soir, avant la tombée de la nuit, nous retournons à la fête. Nous mêlons nos pas à ceux des nomades du désert, écoutons leurs histoires, observons les cercles de danseurs, mangeons des plats de riz-maca — un mélange de riz et de macaroni — et buvons le thé traditionnel. Oussa ou un autre ami de Sanda m'accompagne toujours.

Car je suis une cible de choix. Un jour, dans la foule qui entoure le cercle des danseurs peuls, un homme m'observe du coin de l'œil. Je le soupçonne de convoiter mon sac à main. Pour ne prendre aucun risque, je tourne mon regard vers Oussa qui se tient, nonchalamment, derrière moi. Il avait déjà perçu le danger potentiel. Sans faire de cas, il saisit ma main dans la sienne et, comme par magie, l'homme disparaît dans la foule. *Je me sens protégée.*

Dans le désert, la nuit tombe comme une brique sur le

sol. Ce soir-là, je fais des efforts surhumains pour nier ma fatigue. Mais, Sanda a appris à me connaître et décèle mon état de détresse physique. Il décide alors de rentrer plus tôt à notre campement et cherche sans succès le véhicule du chef du village.

– Louise, nous allons rentrer en mobylette. Ça va?

– D'accord.

– Tu vas t'asseoir à l'arrière de ce jeune homme.

– Peux-tu lui dire de ne pas faire de vitesse?

– Ça va.

– Et toi? Comment rentreras-tu à notre case?

– J'ai trouvé trois mobylettes. Il y en a une pour Oussa, une pour toi et une pour moi. Ça va? Ça va?

– Ça va.

La mobylette sur laquelle je m'installe est minuscule et d'une autre époque. Les pneus aussi. Lisses comme la peau des fesses, comment vont-ils s'agripper au sable? Le conducteur, jeune homme fort et musclé, me parle par signe. Je crois comprendre qu'il me demande d'agripper sa taille, pieds sur les pédales. *Calme-toi.* Un vacarme assourdissant retentit dans l'air, c'est un départ. La mobylette zigzague en penchant alternativement d'un côté puis de l'autre, se glissant le long des dunes comme un voilier un jour de grand vent.

– Ralentis! Lentement! criai-je.

Inutile! Il ne comprend pas un seul mot de français. Soudain, des idées terrifiantes surgissent. *Où m'amène-t-il?* La moto de Sanda avait disparu bien vite dans la nuit et celle de Oussa ne suit pas. *Sait-il où est mon campement? Et*

s'il ne le sait pas, je ne peux certainement pas l'aider. Je suis per-
due dans ce labyrinthe de ruelles. Je ne retrouverai jamais Sanda.
Au secours! Jetant les yeux vers le ciel, je lance une prière.
Puis, j'abandonne. Je fais confiance.

Tout à coup, l'as du volant effectue un virage de quatre-
vingt-dix degrés et la silhouette de Sanda apparaît dans la
noirceur. *Pourquoi me suis-je tant inquiétée?* Pourtant, lorsque
Oussa apparaît dans mon champ de vision, je pressens
qu'un incident s'est produit.

– Oussa! Qu'est-il arrivé?

Oussa a chuté à trois reprises. Mais, malgré quelques
ecchymoses, il sourit. Je crois que Oussa m'a protégée de
ces dangers en choisissant la plus petite moto pour lui-
même et en m'offrant la moto la plus stable. *Abarkidi,*
Oussa! Ces grands hommes bleus veillent sur moi.

Cette nuit-là, dans un état de grâce, car je suis en vie
et que je peux enfin me reposer, je m'étends, épuisée, sur
la natte commune et m'apprête à refaire mes forces
lorsque, soudain, une fine pluie se met à tomber du ciel.
Douche divine! Quel bonheur! Merci! D'abord rafraîchissante,
elle devient un peu trop insistante. La chaleur disparue,
mes amis peuls, non familiers avec une telle baisse de
température, se réfugient à l'intérieur de la case.

– Louise, viens! insiste Sanda.

– Non, ça va. J'adore la fraîcheur de la pluie.

Mais la fraîcheur se transforme bien vite. Il fait froid.
Je bats en retraite vers la case mal aérée et surchauffée.
Une chaleur torride y stagne. Dehors, il fait trop froid;
dedans, il fait trop chaud. Soudain, une explosion d'é-
clairs transperce le ciel. Un spectacle à couper le souffle!

En même temps, des coups de tonnerre fracassent mes tympans, le vent hurle. On se croirait en plein bombardement. Les heures passent, et nous sommes toujours sans sommeil. Puis, tout à coup, l'accalmie. La chaleur étouffante nous chasse à l'extérieur, sur les nattes. Le sol, abondamment arrosé par la pluie, a séché presque aussitôt. La tempête n'a laissé aucune trace.

Sur le point de m'endormir à nouveau, je sens une main qui me cherche et une voix :

— Il faut rentrer dans la case.

— Pardon? Quoi encore? Pourquoi? dis-je à Sanda, impatiente.

Je ne comprends pas. Il joue à quoi? La température s'est calmée. Pourquoi me réveille-t-il encore? Mais quelques instants plus tard, un vent d'une violence inimaginable se lève et emporte tout sur son passage. Il vente, il sable, il siffle avant que j'aie le temps de me lever. Le vent me happe de tous côtés. Le temps s'efface avec le sable. Le vrombissement du tonnerre me fait frémir tandis que les éclairs aux couleurs éclatantes offrent un spectacle ahurissant. La pluie tombe dru. Le sable vole. Les vents crient. Les enfants pleurent. Nous sommes assaillis, fouettés, secoués. Finalement, je rentre dans la case et me mets à l'abri. *Abarkidi Sanda! Tu es un véritable ami. Si parfois, ma reconnaissance semble battre en retraite, c'est que la fatigue a envahi ma vie. Mon corps peine à vivre. Je sais que tu comprends.*

Pendant ce temps, les centaines de nomades couchés de l'autre côté du mur de notre campement, près de la mare, subissent les mêmes intenses intempéries, mais eux, sans abri. J'entends des cris et des pleurs. *Que puis-je faire? Je peux à peine m'occuper de moi-même. Ces gens sont nomades. Ils sont, là où ils sont, chez eux.* Ma tête fait mal, mon cœur aussi. Et la tempête continue ainsi, toute la nuit. *Je m'ennuie de ma vie! Que suis-je venue faire ici? Où suis-je? Quand suis-je? Pourquoi suis-je ici? Maintenant?* La noirceur profite de la nuit pour semer la terreur, tester ma résistance et mon endurance. Sans répit ni préavis.

Ce matin-là, le soleil se lève en même temps que le silence.

Le temps de reprendre mes esprits, j'ouvre les yeux. À mes pieds, un énorme scarabée et une petite grenouille vont et viennent, cahin-caha, sur mon coin de natte. Surprise, je sursaute. Des images d'un séjour chez les Amérindiens un an plus tôt, surgissent dans mon esprit. Je me revois, dans la hutte de sudation, alors que des images de ses deux animaux m'étaient apparues et voilà qu'en plein Sahara, ils marchent vers moi, l'un à côté de l'autre. *Ouf!*

Un peu plus loin, sur ma natte, quatre grands hommes enturbannés surveillent mes réactions. *Pourquoi me regardent-ils avec ces sourires un peu gênés?* Ils secouent la tête, me lancent des regards d'approbation. *J'ai gagné mes rubans?* Christian, pas très loin, observe la scène et éclate d'un rire communicatif. Tous ensemble, nous rions de la tempête. De la nuit, de la vie.

Attirée par les fous rires exubérants, la propriétaire des lieux s'approche et s'assied à mes côtés. Elle a apporté un rouleau de fil noir qu'elle déroule de ses orteils à son coude replié. Elle crée ainsi une longue corde qu'elle attache à un ancien bijou d'argent terni en forme de carré et la passe autour de mon cou. Sur la face frontale du bijou sont gravés des signes dans le métal et aux quatre coins sont soudées quatre petites boules d'argent. Au centre, un renflement cache un gris-gris, une sorte de porte-bonheur, me dit-on. Sanda, qui observe la scène d'un regard amusé, me glisse à l'oreille :

– La chance est avec toi. C'est un talisman très important chez les familles touaregs.

Je suis acceptée. Christian reçoit un collier aux couleurs éclatantes.

Les jours passent ainsi, l'un après l'autre. Les nuits aussi.

La fête à laquelle j'avais été invitée est terminée. Ainsi, ce jour-là, sac au dos et nattes roulées sur les épaules, théière en main, nous reprenons tous ensemble la route nomadique.

Nous venons à peine de partir lorsque Hissi me fait un signe de la main que je ne saisis pas. Elle part dans une direction opposée à la nôtre. Sanda, me voyant aussi perplexe, m'explique :

– Hissi va dans sa famille.

– Quoi? Hissi s'en va? dis-je en la regardant s'éloigner.

– Oui. Elle va chez ses parents.

– Pourquoi maintenant? Je ne lui ai pas fait mes adieux.

Mais, il est trop tard. Elle s'éloigne déjà. Je veux la remercier, la toucher, lui donner la main, l'embrasser. Impossible! Coutumes obligent! Les yeux baissés, elle jette des regards discrets dans ma direction. Hissi disparaît de ma vie, comme ça, sans plus. Je sens des larmes sur mes joues. Je tente de cacher ma peine, mais elle est trop grande. Je pleure la perte d'une compagne, d'une amie, d'une sœur à qui je n'ai jamais dit mot, mais quels mots pourraient remplacer la complicité de nos rires étouffés, de nos gestes maladroits, cette connivence féminine. En silence, je lui répète : « Abarkidi Hissi! », et je poursuis ma route aux côtés de son homme.

Au milieu du village, un cercle de danseurs peuls persiste à prolonger la fête tandis que des caravanes s'apprêtent à reprendre la route. Les hommes sont fièrement assis sur leurs chameaux chargés de sel. Les femmes et les enfants sont installés sur le dos des ânes, eux-mêmes déjà alourdis par l'ensemble des possessions familiales. D'autres membres du groupe marchent à leurs côtés. Ils rentrent chez eux. *Quelle idée! Ces nomades sont partout chez eux.*

Sur la place publique, transformée en mini-terminus d'autocars fatigués, des dizaines de taxis-brousse attendent des passagers. Nous sommes loin d'être les seuls clients. Sanda négocie nos places à bord d'un véhicule qui se dirige vers Abalak. Je reconnais tout à coup le chauffeur qui nous a conduits à Abalak, le jour de mon arrivée. Je lance à Sanda :

– C'est lui! Je veux monter dans sa voiture.

– On ne peut pas. Sa voiture va dans l'autre direction, vers Agadez. On va trouver un bon chauffeur. Ça va. Ça va.

Ainsi, comme c'est l'habitude, nous voyageons dans une voiture remplie plus qu'à sa capacité. La route sera longue.

La pluie intense de la dernière nuit a, ici et là, causé de grands dégâts. Les cours d'eau se sont transformés en fleuves; les mares, en lacs; les crevasses dans le sable, en trous boueux. Lorsque le conducteur hurle « On pousse! », je m'élance aussitôt hors de l'auto pour aider à traverser l'obstacle aqueux. Il stoppe sèchement mon effort en disant plus fort :

– Les hommes poussent!

C'est alors que Sanda vient à ma rescousse.

– Louise, tu dois rester dans l'auto avec les femmes et les enfants. C'est la coutume. Les hommes poussent. Toi, tu peux prendre des photos.

Un peu gênée, je réintègre mon siège en observant les hommes remonter leurs pantalons au-dessus des genoux et pousser le véhicule jusqu'à un endroit sec. *Est-ce de la galanterie?*

Et, tant bien que mal, nous poursuivons notre voyage. À mes côtés, Christian me lance de temps à autre des sourires complices. Au fil des jours, il s'est créé entre nous une relation originale et désintéressée. Il est devenu un frère, un confident.

À un certain moment, Christian m'annonce, presque banalement, qu'il va rentrer chez lui à Niamey, le soir même. Il ne descendra pas à Abalak. Son voyage chez les Peuls est terminé. Il a participé à la fête et doit rentrer dans la capitale, vaquer à ses occupations.

Mon cœur s'arrête, presque. L'anxiété m'envahit. Un sentiment d'immense solitude s'empare de moi. *Que ferai-je sans lui?* Christian m'était précieux. Il possédait une connaissance de nos cultures respectives et nous servait souvent d'interprète. Grâce à lui, en partie, je me sentais en sécurité. *Mais, je suis venue ici seule. Pourquoi tout ce brouha-ha à l'intérieur?*

Quelques minutes plus tard, notre véhicule s'immo-bilise sur la route nationale, en plein centre d'Abalak. Sanda et Oussa descendent nos bagages pendant que je fais mes adieux à Christian.

– Abarkidi, Christian. Je ne t'oublierai jamais.

– Allez! Fais attention à toi. Tu me donnes des nou-velles lorsque tu rentres à Niamey. Je t'attendrai.

– Promis! Bonne route mon ami! lui lancé-je

Resté à bord du taxi-brousse, Christian file maintenant vers Niamey. Le dernier lien avec mon pays me quitte.

Je suis debout avec Sanda, Oussa et tous les bagages, dans la boue d'Abalak. La pluie des derniers jours a rava-gé le village. La vase sablonneuse remplit les rigoles, les rues. Les ruelles sont métamorphosées en rivières déver-sant leurs surplus dans les maisons environnantes. *C'est un désastre! Pourquoi ne suis-je pas rentrée à Niamey avec Christian?*

Sanda, Oussa et moi, tous les bagages sur nos trois dos, dans nos six mains et pendus autour de nos trois cous, remontons les ruelles enchevêtrées et glissantes d'Abalak. Mes souliers s'enfoncent, glissent, s'empêtrent. Je titube. *Je ne peux tomber dans cette bourbe. Il me faut rester debout. À tout prix!* Et comme pour offrir un défi supplé-mentaire, une abondante pluie se met à tomber comme des clous. J'observe, en passant, les réactions des gens. J'essaie de dénicher une panique quelconque. Absolument rien. Tout est normal pour eux. Je suis seule à qualifier Abalak de zone sinistrée.

Mouillés à l'os, nous nous dirigeons vers ma propriété. *Ma maison!* Quelque chose de familier, enfin! Et tant pis si l'abri a été abîmé par l'intensité des orages. Je retrouve mon mur, mon arbre et j'oublie la boue et la puanteur que nous venons de traverser. Les bras ouverts, Abdoulai est là avec sa petite famille, répétant : « Bienvenue à la maison! »

Ce soir-là, assis autour d'un plat de riz-maca au jus de vache, nous ressentons tous les trois, chacun à notre manière, l'absence de Christian. L'équilibre habituel chancelle un peu. Mes amis peuls sont maintenant mon seul lien avec un certain connu et je représente pour eux une responsabilité qu'ils ne partagent désormais plus avec Christian.

Pendant nos premières heures de vie commune sans Christian, nous nous contentons de nous observer sans exprimer nos angoisses. Puis, tout à coup, la magie réapparaît grâce à un simple jeu de télépathie improvisée, qui se transforme bientôt en comédie hilarante. Les pieds enfoncés dans le sable, les pouces dans les oreilles, les mains flottant dans le vent, nous nous amusons à envoyer des messages plus drôles les uns que les autres à Christian. Je deviens, ce soir-là, un peu plus, une des leurs.

Je commence à me sentir peule : les mots qu'ils prononcent demeurent étrangers à mes oreilles, mais leur sens résonne désormais davantage à l'intérieur de moi.

Hissi, femme de Sanda, brode le costume de
danse de son mari.

Des amis peuls, maquillés, prêts pour la fête.

Un cercle de danseurs peuls.

En route vers la brousse

Sanda ne parle pas souvent de la vie en brousse, mais lorsqu'il le fait, il devient soucieux, gêné même. À mes questions insistantes, il répond évasivement en mentionnant son autre femme, celle qui vit en brousse avec ses enfants, ses frères, ses neveux et nièces, et ses vaches. Sans démon-trer l'intention de m'y emmener, il attise en moi un désir grandissant de connaître cette vie nomade dont il m'avait parlé lors de notre première rencontre au Canada. J'en suis maintenant si proche. Enfin, c'est ce que je crois.

Lorsque je soulève l'idée d'une éventuelle visite à sa famille, celle qui vit en brousse, il détourne la conversation, change de place, regarde ailleurs.

– La brousse, c'est très loin. Il n'y a pas de route, insiste Sanda, tentant de me décourager.

– Combien de kilomètres?

– Ça dépend. Cinquante, soixante-quinze, cent.

Pour moi, soixante-quinze kilomètres, c'est à côté. Mais je n'ai pas encore la moindre idée de la brousse, des difficultés qu'on y retrouve, de la non-existence des routes, là où vivent les populations nomades du Sahara.

– J'aimerais rencontrer les membres de ta famille, j'aimerais voir où et comment ils vivent, lui dis-je.

Mi-content, mi-inquiet, Sanda cède à ma demande et promet de trouver un moyen de m'y emmener. Je ne saisis nullement l'ampleur de la responsabilité que je dépose sur les épaules de mon hôte.

– C'est très loin, la brousse, répète Sanda.

Le lendemain matin, après la cérémonie du thé, sans dire mot, Sanda et Oussa disparaissent hors du mur de ma maison. Le marabout et sa famille me tiennent compagnie. Nous passons la matinée sur la natte, à ne rien faire, à ne rien dire, à sourire, à regarder le temps passer, à éviter les rayons du soleil. En début d'après-midi, Oussa réapparaît et m'invite à le suivre.

– En brousse, pas de marché, pas d'eau, pas de nourriture. Viens au marché!

Je crois comprendre que nous allons en brousse et que nous allons faire des achats pour le voyage. Heureusement, c'est jeudi, donc, jour de marché à Abalak. La foule aujourd'hui est absente, sans doute à cause des dégâts causés par la dernière pluie et la boue accumulée partout dans les ruelles de la ville. Les marchands de riz et de millet doivent préserver leurs victuailles de la boue et de l'eau. Oussa achète quelques produits et nous retournons dans notre oasis. Sur la place, devenue difficilement accessible, les marchands empilent plus tôt que prévu leur marchandise invendue sur le dos de leurs ânes ou dans de petites carrioles de fortune et rentrent chez eux.

Ce soir-là, c'est le sourire aux lèvres que Sanda fait son apparition.

– Ça va? Ça va? lui demandé-je.

– Ça va. Ça va. J'ai trouvé une jeep.

– Nous allons en brousse?

– Oui. Demain, au lever du soleil.

Sanda m'apprend que la jeep appartient à un ami peul qui vient d'en faire l'acquisition sans savoir conduire et sans permis. Mais, notre conducteur est un jeune Touareg qui s'y connaît bien en mécanique automobile. La nuit est longue et fertile en rêves.

À l'aube, je me sens remplie d'une énergie à revendre. Je ne sais pas encore à quel point j'aurai besoin de toutes mes forces.

Sanda me présente le propriétaire du véhicule, un homme d'âge moyen, grand, élancé, vêtu d'une longue tunique bleu pâle et d'un turban de la même couleur. Le conducteur, lui, est plutôt trapu, musclé, d'apparence moins raffinée. Un de ses fils l'accompagne. Nous passons les heures suivantes sur la natte, à attendre.

Enfin, lentement, les hommes hissent nourriture et bagages à l'arrière du véhicule entre les deux pneus de rechange et les bidons d'essence. Lorsque tout est prêt, Sanda me fait signe de m'installer sur le siège avant, entre lui et le conducteur. Oussa, le jeune garçon et trois passagers montent à l'arrière, parmi les bagages.

Il avait encore plu une partie de la nuit. Les ruelles d'Abalak sont devenues de véritables rivières transportant avec elles déchets, urine et sable. Une vase épaisse et malodorante recouvre le sol. Heureusement, notre jeep, haute sur pattes, se faufile, ou plutôt glisse à travers les sillons de boue et s'arrête devant une autre case où habitent des amis de Sanda.

— Va voir mes amis. Tu vas attendre ici. Je reviendrai te chercher, dit Sanda.

— Quand? dis-je, un brin d'inquiétude dans la voix.

— Plus tard.

— Où vas-tu?

— Faire les derniers achats, ajoute Sanda en repartant avec les autres passagers.

Dès que je franchis le seuil de cette grande maison, j'éprouve un étrange malaise. *Je ne me sens pas bien ici.* J'ai à peine le temps de me ressaisir que je suis littéralement attaquée par tous les habitants de la maisonnée : une dizaine d'enfants, des adolescentes, des mères et une grand-mère.

— Cadeaux! Cadeaux! crient-ils tous en même temps.

Je veux me soustraire à l'agression, je veux être ailleurs, bloquer mes oreilles à ces cris stridents. Les demandes sont incessantes. Puis la grand-mère au regard maladif et à la voix grincheuse s'approche de moi en hurlant :

— Médicaments! Médicaments!

Ma réaction est immédiate : « Non! Non! » Je ne peux répondre à ce genre de demande criarde. Ce n'est pas une façon de demander de l'aide. *Suis-je au bon endroit? Tout me répugne ici. Je veux m'enfuir. Mais m'enfuir pour aller où? L'inconfort physique, je l'ai toujours accepté, je m'y suis adaptée, mais l'inconfort psychologique, c'est autre chose. Ceci est intolérable! Pourtant, je suis d'un naturel affable et généreux.* La grand-mère reprend de plus belle. Elle crie. Elle crache, puis elle crie encore et crache à nouveau. « Médicaments! », hurle-t-elle. *Ceci est un véritable film d'horreur! Qu'est-ce que je fais ici?*

Pourquoi suis-je ici? Sanda, où es-tu?

Et lorsque les enfants m'entourent et m'attaquent, hurlant « cadeaux, cadeaux », je refuse scrupuleusement de donner suite à leurs demandes. Par principe? Probablement.

Je ne peux pas fuir, je dois donc trouver une diversion. La fuite physique n'étant pas possible, j'imagine une fuite psychologique. La petite voix souffle de l'intérieur : *Joue. Excellente idée! Je vais inventer un jeu pour les éloigner de moi.* Patiemment, sourire aux lèvres, je leur indique par des signes de mains qu'ils doivent s'écarter quelque peu de moi afin de participer à un jeu. Curieusement, tous acceptent. Soulagée, à l'aide de plusieurs gestes, j'explique les règles du jeu. L'institutrice en moi refait surface : « Je vais montrer un nombre de doigts et celui qui saura dire le chiffre en français gagnera ». Il faut plusieurs minutes d'explications pour que tout le groupe accède à la connaissance de ce règlement et que le jeu débute. Je montre un doigt. Le premier à dire le mot « Un » gagne. Que gagne-t-il? Des applaudissements. De l'encouragement. Je montre deux doigts, puis trois, puis quatre. Lorsque la plupart des enfants réussissent à mémoriser les premiers chiffres, j'intervertis les nombres. « Quatre, un, cinq, deux. » L'atmosphère prend soudainement une allure de fête. Autour de moi, on rit, on s'amuse et, en prime, j'ai repris un peu de ma liberté de mouvement et la grand-mère s'est éloignée. Les enfants ont même oublié le mot « cadeau » tellement ils se concentrent sur le jeu. Avant qu'ils ne s'en désintéressent, j'en invente un autre, et un autre. Au bout d'un moment, nous chantons des nombres, des mots. La diversion a fonctionné. Même si je ris maintenant de bon cœur, même si je respire mieux, mon cœur fait un bond lorsque j'aperçois enfin Sanda, sur le seuil de la porte. Je remercie mes hôtes de leur « accueil » et je m'enfuis.

Pour ne pas faire de peine à Sanda, je choisis de ne dire mot de ce qui s'est passé durant son absence et je m'empresse de prendre place sur le siège avant de la jeep. Assis à ma droite, Sanda dirige les opérations. Lui seul sait où nous allons. À l'arrière, le nombre de passagers a augmenté. Les victuailles aussi. D'énormes sacs de riz, des poches de macaroni, des blocs de sel pour les animaux, deux autres pneus de rechange. Là où nous allons, il n'y a, dit-on, ni garages, ni dépanneurs, ni routes. Il faut être prêt à faire face à toute éventualité.

Avant de quitter la route nationale, nous nous arrêtons au puits d'un village, un peu à l'écart du pâté de huttes. Un tuyau déverse son or bleu dans un bac de métal. Sanda remplit de cette eau tous les contenants disponibles : mes deux gourdes, la théière et le dernier mais non le moindre, une outre de chèvre évidée. On a en effet vidé une chèvre en laissant la peau entière; les pattes sont pendantes et le cou, coupé au ras de la tête, sert de bec verseur. C'est par là que Sanda introduit l'eau dans la chèvre jusqu'à la gonfler au maximum. Il ferme ensuite la peau du cou avec un cordon de cuir et ficelle ensemble les quatre pattes pendantes. Puis, il me dit :

— En brousse, il n'y a pas d'eau pour toi et tu ne pourras pas boire l'eau que nous buvons. Ceci sera ton eau, pour toi seulement.

Pour moi, donc, une chèvre évidée gonflée d'eau. Je ne m'attendais pas à un tel cadeau.

— Merci, Sanda, dis-je, abasourdie, scrutant « ma nouvelle gourde ».

Nous nous éloignons de plus en plus de la route nationale goudronnée sur laquelle passent les touristes. À perte de vue, je ne vois que du sable parsemé, par endroits, de minuscules buissons amaigris par les vents chauds et secs du Sahara. À partir d'ici, il n'y a plus de routes, plus de pistes.

La jeep roule depuis maintenant deux heures lorsque nous nous arrêtons auprès d'une famille peule campée au milieu de nulle part. Sanda descend et s'approche du couple ébahi par la présence de notre véhicule.

— Foma, foma.

— Foma, foma.

— Vous avez vu la famille Bikarawa[6] durant les derniers jours? demande Sanda, en langue fulfulde.[7]

La réponse vient par signes de mains agitées dans l'air et la trajectoire du véhicule s'ajuste aux renseignements reçus.

— Un peu vers l'est, dit Sanda.

La faim avait fait son apparition dans mon ventre amaigri. Par prudence, j'avais pris avec moi quelques morceaux de pain ainsi que des dattes et des arachides. Nous partageons tous ensemble le maigre festin tandis que notre véhicule s'enfonce de plus en plus, dans un désert sans fin, sur une route sans route.

— C'est encore loin?

---

[6] Famille de Sanda.

[7] Langue peule.

– Je ne sais pas, dit Sanda.

Cette réponse me surprend, mais, à la réflexion, je me dis que Sanda peut difficilement répondre autre chose. Il cherche une famille nomade qu'il a vue il y a fort longtemps. Et quelle est la signification de « loin », ici?

Soudain, au hasard de notre route, un autre campement nomade apparaît. Cette fois-ci, Oussa se porte volontaire. Il descend et s'approche d'un jeune couple avec un bébé. Un peu effrayés, ceux-ci tentent de l'éviter.

– Foma! Foma! l'entends-je dire poliment.

Oussa réussit à gagner quelque peu leur confiance. Des mains s'agitent. Il revient à bord, indique une autre direction dans laquelle notre jeep s'engage.

Les heures passent. Je ne cesse de scruter les horizons toujours identiques : du sable et du sable, quelques buissons et des brins d'herbe clairsemés. Aucun arbre. Aucun point d'eau. Aucune montagne. Aucune maison. Parfois, quelques animaux et leurs bergers fidèles passent leur chemin.

– Sanda, où sommes-nous?

– Nous sommes dans la zone de Tagayet.

– Que veut dire « Tagayet »?

– Tagayet, c'est « au milieu de nulle part ».

– Je comprends. Il n'y a rien ici pour nous orienter. Comment fais-tu pour savoir où aller puisqu'il n'y a aucun repère?

– Je connais cet endroit. Je suis né ici. Je marche sur ce sable depuis ma naissance. Je le connais comme toi tu connais ta ville.

– Alors, dis-moi, dans quelle direction est Niamey?

– Par là! dit-il en montrant la gauche sans hésitation.

Avec assurance, il pointe du doigt toutes les directions que je lui demande.

La jeep longe bientôt une oasis aux arbres rabougris. Le conducteur en profite pour faire un arrêt et aussitôt, tous les passagers se dispersent derrière les arbustes. Il m'est facile de croire à un jeu de cache-cache. « L'arrêt-toilette » terminé, nous réintégrons notre véhicule et poursuivons l'expédition.

Peu de temps après, nous croisons deux jeunes bergères. Du coup, elles prennent peur mais Sanda réussit à les calmer et obtient quelques informations sur les déplacements de sa famille.

Nous roulons maintenant dans une autre direction. J'ai l'impression de tourner en rond, de chercher un objectif fuyant, mouvant. Fatigue aidant, je perds un peu ma confiance de départ.

– Sanda, je crois que tu es en train de me jouer un bon tour. Tu es certain que ta famille vit ici, dans ce coin de désert? Ce n'est pas une blague?

Sanda ne sourit pas. Mon commentaire semble l'avoir blessé. Il cherche sa famille comme à l'accoutumée et voici qu'une étrangère, confortablement assise dans un véhicule motorisé, met en doute son jugement. Je prends rapidement conscience de la gaffe commise. Peinée, je poursuis :

– Sanda, habituellement, combien de temps mets-tu pour trouver ta famille?

– Je marche pendant quatre ou cinq jours, parfois une

semaine. Ça dépend.

Je voudrais m'excuser à genoux, le nez contre le sol. *Ma patience est si limitée comparée à la sienne. Comment puis-je faire preuve d'aussi peu de délicatesse à l'égard de Sanda? Il a accepté de me faire connaître son mode de vie, sa famille, ses amis, ses fêtes et j'ose remettre en question ses connaissances, ses façons de faire. Qui suis-je pour douter de cet homme? Je connais son regard. Sanda est bon. Il me comprend même en ce moment. Il sait que je suis en train de vivre une expérience pénible, que mon corps supporte difficilement ces conditions de vie extrêmes. J'ai trop chaud. C'est trop loin. J'ai mal partout. J'ai faim. J'ai soif d'eau et de connu!*

Le temps est venu de reprendre la discussion avec mon corps. Je demande à toutes mes cellules de tolérer les nombreux inconforts du moment tout en leur promettant un répit dès mon retour au Canada.

Nous faisons de nouvelles rencontres. D'abord, un jeune berger, puis un autre couple, une famille et une autre et bien d'autres. À chacun des arrêts, le conducteur opte pour une direction opposée. Une véritable valse en plein Sahara. Il y a beaucoup d'habitants dans ce désert et autant de directions à suivre.

Tout à coup, Sanda se raidit. Son attitude change.

– Arrête! Crie-t-il au conducteur.

Il voit? Il sent quelque chose? Sanda descend du véhicule, se penche sur des trous dans le sable. *Que peut-il bien examiner ainsi?* Il revient à bord avec là bonne nouvelle.

– Regarde sur le sable. Ce sont les pistes de mes vaches. Suis les traces!

De la jeep, il a reconnu l'empreinte des pas de ses vaches dans le sable? Je peux à peine le croire. Tous ensemble, nous scrutons la moindre piste de vache jusqu'à ce qu'apparaisse, au loin, un campement.

– C'est ma famille! annonce fièrement Sanda.

Nous sommes arrivés « en brousse ».

La vie en brousse

Le véhicule s'immobilise près d'un arbuste rachitique. Mon rêve d'enfant, alors que je me voyais sous l'Arbre du Ténéré, devient réalité : aujourd'hui, cet arbuste lui ressemble étrangement. Sanda descend et marche en direction de sa famille. Je ne bouge pas. Je me tais. Il s'arrête à plusieurs mètres de sa femme, la salue, lui dit quelques mots. Quelques minutes plus tard, la voix de Sanda retentit dans l'air chaud et sec :

– Louise, viens! Tu peux prendre des photos.

Prendre des photos? C'est bien vrai. J'ai apporté beaucoup de films. Je sors ma caméra et descends de la jeep. Un peu hésitante, je m'approche de Sanda et de sa femme. Soudain, j'entends :

– Louise! Louise!

Je me retourne pour apercevoir Oussa, dans tous ses états. Je reviens sur mes pas et trouve mon ami, affolé, tenant d'une main mon sac à dos et de l'autre, les plumes. Il prononce de nombreux mots que je ne comprends pas, mais ses gestes m'indiquent ce qui s'est passé. En prenant mon sac à dos et en le déposant sur le sol, le cordon de cuir qui reliait les plumes à mon sac a cassé et les plumes se sont répandues par terre. Oussa me supplie de les rattacher à mon sac à dos. Je n'ai pas le temps de réfléchir. La solution vient de l'intérieur :

– Mon ami, je suis arrivée à l'endroit où je voulais aller : là où vit la famille de Sanda, en brousse. J'ai atteint mon objectif. Les plumes, lorsque je suis débarquée sur ce sol, se sont détachées de mon sac. C'est donc ici qu'elles resteront.

Les yeux ébahis, Oussa a compris ce que je viens de dire et me demande, dans son français primitif :

– Moi? Plumes?

Sans hésiter, je continue :

– Oui, Oussa. Je te donne les plumes, tu en seras le gardien.

L'atmosphère est chargée de mystères plus grands, plus puissants que ce que mes yeux perçoivent. Oussa devient, en cet instant, le détenteur de la magie représentée par les plumes.

Debout, très droit, Sanda a observé la scène et m'attend patiemment. Il ne commente pas l'événement. Il me présente sa deuxième femme, Bajané. Nous nous saluons, elle baisse les yeux. J'essaie de rencontrer son regard afin de savoir ce qu'elle pense. Inutile! J'ai maintenant l'habitude. Je baisse également les yeux en lui glissant un léger sourire amical. Je veux qu'elle sache que je suis venue en amie de la famille, que mes intentions sont pures et sincères. Je sais qu'elle a compris lorsqu'elle me présente sa fille Adija, une jeune adolescente, et Baleri, son fils d'environ dix ans. Les deux jeunes me supplient, par des gestes et des paroles incompréhensibles, de faire quelque chose. *Quoi?..* Je saisis : tous deux veulent que je prenne des photos. Baleri revêt son plus beau vêtement, une longue tunique imprimée de rouge foncé et de bleu indigo. Il s'installe ensuite debout très droit devant sa maison et me sourit. Son sourire imprimé sur la pellicule traversera le temps. Je sens une immense fierté, une jeune innocence aussi alors qu'il scrute mes moindres gestes, mes paroles, mes vêtements.

Sanda m'entraîne ensuite jusqu'à son toit de toile et me présente une dame âgée. Celle-ci me tourne le dos, ne me prête aucune attention et retourne à ses affaires. Pas de signe de bienvenue de l'aînée du clan. Je ne sais que penser. *Je suis certainement la première femme blanche à envahir leur coin de désert dans un véhicule motorisé.* J'essaie de la saluer, mais elle est déjà un peu plus loin. Patience, me dis-je. Et je reprends ma visite du campement aux côtés de Sanda.

Près de la tente de la femme de Sanda sont installées trois autres familles. Chacune de leurs tentes est faite de huit bâtons solidement plantés dans le sable et auxquels est attachée une toile de caoutchouc épais bleu foncé. Sous cette toile trône un lit surélevé reposant sur des piliers de bois joliment sculptés. Sur le lit, quelques vêtements, des sacs et des sacoches. Près de l'abri, un minuscule feu de branchages cuit la nourriture du clan. Aucune odeur ne s'en dégage. Un chaudron rempli de riz dans une cuisine aussi grande que le désert lui-même : aucun mur, aucun toit, l'horizon à la place du buffet.

Un peu à l'écart du campement, Sanda pointe du doigt un tas de calebasses superbement empilées les unes sur les autres, attachées ensemble avec des cordes de plusieurs couleurs.

— Ce sont les possessions de ma femme, me dit-il fièrement.

Il m'explique que toutes les femmes nomades

acquièrent au cours de leur vie une collection de calebasses qui suivent les migrations. Les hommes, en prenant une épouse, offrent un certain nombre d'objets, dont des calebasses, des vêtements, du tissu et des bijoux. Les femmes exposent leurs possessions lors des regroupements de nomades, des fêtes et de diverses célébrations.

Nous marchons ensuite vers les autres tentes. Elles appartiennent au frère de Sanda et à ses trois femmes. En me voyant, l'une d'elles pointe l'index vers la bouteille d'eau suspendue à mon cou. Ne connaissant que l'eau brunâtre du désert, la femme, me dit Sanda, désire savoir le nom du liquide clair que je suis la seule à transporter. Je ne saisis pas la réponse que Sanda lui donne. *Lui parle-t-il de l'eau contenue dans la chèvre évidée?* Au même moment, des enfants apparaissent, comme sortis de nulle part. Dès qu'ils me voient, ils se mettent à hurler en se cachant le visage. *Étant la première blanche à venir jusqu'ici, je les effraie.* Il faudra à l'un d'eux trois jours pour me regarder sans crier ni se dissimuler derrière le pagne de sa maman. J'aimerais tant les approcher. De par ma profession d'enseignante, j'adore parler, jouer, m'amuser avec les jeunes enfants. J'aime leur enseigner de nouveaux jeux, des comptines, des chansons. Aujourd'hui, je me sens rejetée à cause de la couleur de ma peau. Je décide de mettre cet incident en perspective et de ne rien brusquer; les enfants s'habitueront à moi tranquillement.

Sanda me présente ensuite ses animaux : ses trois grands bœufs, ses cinq vaches, ses veaux, ses moutons, ses chèvres et, attachés à un piquet, ses ânes. En plus, il a la charge des dix vaches de son frère plus âgé. Les vaches aux longues cornes sont noires, quelque peu maigres et elles portent toutes un nom. Il y a Wolé, le taureau, Béla, la vache qui vient d'avoir son veau Sayé, et toutes les autres vaches. Il est fier de ses vaches, d'une fierté semblable à celle de nouveaux parents présentant leur premier-né à leurs amis. Le regard de Sanda trahit son amour total, inconditionnel pour son troupeau. Il existe entre lui et ses vaches une relation d'intimité spirituelle, invisible pour les yeux mais visible pour le coeur. *Il avait reconnu les traces de leurs pas dans le sable.* Il connaît ses animaux de façon toute personnelle et je sens son amour pour eux jusque dans l'air que nous respirons.

Nous revenons ensuite sur nos pas, jusqu'à la jeep. Sous l'arbre, Oussa a déroulé les nattes et prépare le thé. Je m'installe le plus confortablement possible parmi tous ces hommes qui ne cessent d'arriver sur la natte. Je suis, encore une fois, minoritaire et visible, une femme à la peau claire sur la natte des hommes. Les autres femmes, elles, restent près des tentes avec les enfants et le mil à préparer.

Avant que le soleil ne bascule derrière l'horizon, je m'empresse d'écrire dans mon carnet de voyage mes observations, mes impressions, mes désirs, mes tourments. La sueur coule sur ma peau, hante mes vêtements souillés lorsque apparaissent dans mon champ de vision deux jeunes femmes qui transportent chacune une énorme calebasse de riz qu'elles déposent par terre, à plusieurs mètres de la natte. Elles saluent les hommes et retournent au campement. Sanda se lève, prend chacun des contenants et les dépose au beau milieu de la natte. Les hommes se séparent en deux cercles formés autour des calebasses. Sanda m'invite à joindre l'un des cercles. Le repas du soir consiste en un riz-maca assaisonné au sable fin soufflé par le vent et dont de nombreux grains se logent entre mes dents. Pas de sel, pas d'épices, pas de légumes, encore moins de viande. Les deux bouchées que je réussis à avaler remplissent mon estomac désormais minuscule. Le repas terminé, un homme retourne les calebasses vides près du coin des femmes et des enfants. Une longue soirée nous attend sous les milliers d'étoiles, car les soirées, dans le désert, traînent en longueur.

Je rêve d'un bon bain tiède, d'une douche froide, de quelque chose de liquide. Mais au fait, où est le coin toilette dans ce nouvel environnement? Je ne sais ni où ni comment « aller en brousse ». Je ne vois sur tous les horizons aucune cachette qui ressemble à un coin toilette. *Où se passent ces choses? Comment faire? Demander à Sanda?* Envahie par la gêne, je continue d'observer mes amis jusqu'à ce que la lumière se fasse sur ce mystère. Les longues tuniques portées par les hommes et les femmes ont une utilité que je ne soupçonnais pas. Elles servent, en fait, de murs de salle de toilette. J'aperçois, dans la nuit tombante, des hommes accroupis, théière (le bidet du Sahara) remplie d'eau à leurs côtés. Il me faut tout mon courage et beaucoup d'inconfort pour me décider à partir en brousse, théière en main. Je choisis, en cette première nuit, de me blottir derrière notre jeep. Le lendemain matin, je réussis à m'éloigner un peu plus du campement, jusqu'à ce que je trouve un tout petit buisson qui me servira de paravent.

Et la nuit, je me faufile à l'intérieur de ma minuscule tente de toile légère où, dans mon intimité retrouvée, je m'abandonne au silence et m'endors en rêvant à la neige.

Tous les matins, Bajané, la femme de Sanda, trait les vaches. Je scrute de loin ses moindres gestes. Elle a attaché le veau à un piquet pendant que sa mère lui donne la tétée. Soudain, elle retire le veau du pis de la mère et se met à traire la vache. Puis, elle rend le pis au jeune veau. *Toujours le partage pour la survie.* Bajané s'approche de moi, tenant entre ses mains le précieux breuvage. Dans ses yeux, je peux lire l'importance que revêt ce cadeau. Elle me l'offre, mais dans ma tête, de vieilles rengaines refont surface : *Tu ne peux pas boire de lait non pasteurisé. Elle n'a pas lavé le pis de la vache. Imagine les bactéries, les microbes! Tu tomberas malade et personne ne pourra t'aider.* Stop! D'un coup de tête, j'ordonne à toutes ces idées de passer leur chemin et j'accueille avec gratitude les quelques gorgées de lait chaud et crémeux. Je le bénis et le bois. Immédiatement, un bien-être total envahit tout mon être. *Quel délice!* Puis, l'envie du lait maternel remonte à ma conscience en même temps qu'une certaine amertume. Si loin dans le temps et l'espace, j'aurais pu boire ce délice de ma propre mère. Mais c'était là une autre époque où l'allaitement naturel n'avait pas sa place. L'espace d'un instant, je souffre dans ma chair. Le lait de ma mère me manque. Elle aussi me manque. De retour à la réalité du moment, en plein Sahara, je la remercie en silence pour le présent qu'elle m'a offert : la vie.

Je tourne ensuite la tête vers le veau qui a partagé le lait de sa mère avec moi. *Abarkidi, petit veau!* Je remets ensuite la calebasse dans les mains de Sanda, qui verse délicatement le reste du lait dans la purée de millet battu, en fait une pâte grisâtre, y ajoutant un peu d'eau de la mare stagnante. Leur déjeuner est prêt. Ce repas, communément appelé « la boule », allait nourrir toute la famille chaque matin tandis que, pour moi, quelques gorgées de lait très frais, un peu d'eau et deux cuillerées de riz par jour allaient assurer ma survie.

Les cadeaux

J'avais apporté des cadeaux. Pêle-mêle dans un grand sac, des vêtements, des cahiers, des crayons, des fils à broder, des aiguilles, des ciseaux, des lunettes de soleil, des cordes et des outils. Un seul problème : comment en faire une distribution équitable? Sanda allait le résoudre bien vite.

En un tour de main et animé par un plaisir évident, Sanda se transforme en Père Noël. Agenouillé devant le sac de cadeaux déposé au centre de la natte, il l'ouvre, l'explore, puis déverse son contenu dans les bras de tous et chacun. Surprises, sourires, déceptions, remerciements, tout y passe. Les enfants approchent puis s'éloignent. Pendant quelques instants, ils oublient leur peur de l'étrangère et, presque nus, réapparaissent accompagnés de leurs mères. Aussitôt distribués, les vêtements sont portés et, en l'espace de quelques minutes, tous les enfants sont habillés à l'occidentale.

J'apprends que dès son jeune âge, l'enfant nomade porte peu de vêtements, car il doit habituer sa peau à la température et aux cuisants rayons du soleil. Puis, vers l'âge de douze ans, il commence à se couvrir le corps des longs vêtements portés par les gens du désert.

Soudain, des bruits attirent mon attention. Deux petites filles d'environ six ans se disputent un éléphant rose, cousu avec un tissu de coton, qui vient tout juste de sortir du sac de cadeaux. Elles examinent l'éléphant sur toutes ses coutures, dans tous les sens et avec tous leurs sens. D'évidence, cet objet leur est inconnu. La première le tâte, le cajole, émerveillée. Puis, la deuxième, dont le regard trahit l'envie, s'approche du butin et extirpe de la main de la nouvelle propriétaire le jouet de coton coloré. Sans trop comprendre ce qui se passe, la première essaie, sans succès, de reprendre l'éléphant rose. Le pauvre éléphant se balance d'une main à l'autre. Soudain, les deux fillettes s'immobilisent, se regardent, comme si quelque chose de nouveau venait de s'introduire dans leur vie. *Se quereller pour un objet?* Une mère, confuse, observe la scène puis, elle laisse les petites résoudre leur dilemme. *Excellente décision!* La première propriétaire reprend possession du petit éléphant rose alors que la foule se disperse.

Sanda a tout observé. Le lendemain, il m'annonce que l'éléphant rose s'est envolé durant la nuit, avec le vent. Il ne dérangera plus la paix des jeunes enfants du désert.

Les voisines

Un bel après-midi, toujours assise sur la natte des hommes, j'aperçois des femmes qui marchent dans notre direction. Respectant le coin des hommes, elles s'arrêtent à une certaine distance et saluent le chef du groupe, mon hôte.

— Foma, foma, dit l'une d'elles.

— Foma, foma, répond Sanda.

Après une longue conversation avec elles, Sanda se tourne vers moi :

— Louise, les femmes veulent t'amener visiter les voisines. Est-ce que tu veux y aller?

— C'est loin?

— Non. C'est le campement voisin.

Je me souviens des campements voisins lorsque nous cherchions la famille de Sanda avec une jeep. Les voisins sont souvent très loin.

— Je ne peux pas parler avec elles, dis-je, inquiète de la tournure que pourrait prendre une telle visite.

— Ça ira, tu verras.

— Nous reviendrons avant la tombée de la nuit?

— Oui. Tu devrais accepter. C'est très gentil de leur

part de t'inviter, dit Sanda.

– Tu as raison. Dis-leur que j'accepte l'invitation.

J'enfile mes bons souliers de marche, dépose un chapeau de paille peul sur ma tête et me voilà prête pour une autre aventure. L'enthousiasme des femmes est démesuré. Deux d'entre elles s'emparent de mes mains et, en petites filles légères et ricaneuses, nous prenons la route, sans route. Je me sens à l'école buissonnière même si l'école, aujourd'hui, est une école de vie, de la vie des femmes nomades du Sahara. Heureuses et enjouées, elles ricanent et, même si je ne saisis pas pourquoi, je ris avec elles tout en soupçonnant être l'objet de leurs ricanements.

Main dans la main, nous essayons d'éviter le cram cram – une herbe tranchante qui vous flagelle les pieds – et les épines des arbustes qui, comme des clous, transpercent la peau de nos pieds. C'est ça aussi, le désert. Et lorsqu'elles s'arrêtent net, je comprends que l'une des femmes a marché sur un des buissons piquants. Elle souffre visiblement beaucoup et, du fond d'une poche de sa longue tunique, elle sort un instrument métallique et s'accroupit sur le sol dur. Calme, elle extrait l'épine et nous reprenons gaiement notre marche.

Les voisines nous attendent. On ne déroule point de tapis rouge, mais l'une d'elles étend une natte sur laquelle elle dépose un joli coussin. Je m'y assois, à l'ombre de la toile qui constitue leur abri. Toutes s'installent autour de moi, formant ainsi un cercle, et elles continuent de bavarder. *Quel est le sujet de leurs conversations joyeuses et agitées? Rient-elles de mes vêtements? De ma peau claire? De mes cheveux courts? Se demandent-elles ce que je fais sur ce coin de terre? Comment suis-je arrivée là? Si j'ai un mari? Des enfants?*

Une maison? Je ne peux que converser avec moi-même et écrire dans mon journal la vie qui bat son plein d'émotions.

Bientôt, elles ouvrent de vieilles sacoches de cuir qui contiennent des fils, des tissus, des aiguilles et se mettent à broder les costumes de danse de leurs hommes. Autour de nous, les enfants courent sur le sable, jouent avec ce qu'ils trouvent : les chèvres, les ânes, les scarabées, les serpents, les scorpions, les arbustes, les roches, les branches mortes, les épines. Tout devient une occasion d'apprendre à affronter la chaleur torride, à connaître leur positionnement dans l'espace, à vivre dans cet environnement.

Je les observe en leur rendant leur sourire affectueux et je continue d'écrire et de décrire la vie du désert. Un peu plus tard, une femme se lève, marche autour de l'abri et revient au cercle avec une calebasse remplie du lait de ses vaches. Avec des gestes d'une grâce exquise, elle m'offre à boire. Avec gratitude, je lui souris pour lui indiquer que j'accepte le cadeau. La calebasse fait ensuite la tournée des invitées. Soudain, l'une d'elle me signale qu'il est temps de rentrer au campement. Les adieux sont brefs, sans cérémonie.

Les femmes me ramènent à la natte de leurs hommes et retournent à leurs activités plus féminines. Sous l'arbrisseau, palabrant, les hommes n'ont pas bougé. Je sens qu'ils veulent tout savoir. Jetant un coup d'œil vers les femmes qui s'éloignent, je lance :

– C'était parfait.

Les femmes travaillent sans arrêt. Chaque jour, du matin jusqu'au soir, elles réussissent à battre le mil, à traire les vaches, à préparer la boule et le millet, à tisser, à broder, à fabriquer les bijoux, à ramasser le bois, à chercher l'eau à la mare, à cuire le riz du soir et à effectuer combien d'autres tâches qui m'échappent, en plus de porter les enfants pendant neuf mois, de leur donner vie, de les nourrir. Le ventre déjà rond, un bébé au sein, un autre dans le dos. *Comment est-ce possible?* Et elles se font belles, elles sont attrayantes, dignes, calmes et visitent les voisines. Extraordinaires femmes africaines!

Le sacrifice

De sa main ouverte, Sanda me fait signe de le suivre. Nous nous rendons jusqu'à l'endroit où sont attachés les animaux à quelques piquets plantés dans le sable.

– Nous allons tuer un mouton ce soir et je veux que tu le choisisses. Que penses-tu de ce grand mâle? me dit-il en montrant du doigt un des moutons affairés à brouter les quelques minces brins d'herbe tranchante qui se trouvent là.

– Sanda, je ne m'y connais vraiment pas en matière de mouton. Je te laisse prendre la décision.

Sanda s'approche du mouton et lui parle dans l'oreille, comme on chuchote un secret à un ami. Le mouton a vécu une bonne vie de mouton libre dans le désert et, ce soir, le sort le destine à une fête. Noble destin!

– Tu es d'accord? Tu l'aimes? insiste Sanda.

– Heu! Mais oui, dis-je en regardant la pauvre bête.

– Il appartient à mon frère. Est-ce que tu accepterais de lui payer le prix de ce mouton?

– Combien coûte un mouton?

– Mon frère demande 30 000 CFA. Ça te va?

– Demande à ton frère s'il accepte 25 000 CFA[8] et ça

---

[8] Environ 55 $ canadiens.

ira, dis-je un peu surprise de cette demande. *Pourquoi ai-je négocié un prix de mouton? Suis-je assez généreuse?*

La journée se déroule un peu comme les autres, sauf qu'aujourd'hui, mes amis peuls prêtent une attention particulière au ramassage de petites branches de bois sec.

Sanda revient vers moi.

– Tu veux la viande cuite sur un feu ou dans l'eau?

En rêvant à un superbe méchoui, j'opte pour la cuisson sur le feu.

La fatigue et la soif grugent mes forces davantage que la faim et, lorsque le soleil disparaît à l'horizon, je suis déjà épuisée. Ne voyant aucun indice laissant présager une quelconque fête ce soir, je questionne Sanda :

– Est-ce qu'on a tué le mouton?

– Non, plus tard.

Plus tard! Quand? Il fait déjà nuit depuis longtemps. Pourquoi si tard? Chez moi, lorsqu'il y a un méchoui, on tue le mouton la veille et on prend la journée entière pour le cuire. *Mais je ne suis pas chez moi. Fais confiance!*

J'essaie de rester éveillée pour assister au festin, mais je finis par me retirer dans ma tente afin de me reposer un peu.

– Sanda, tu peux me réveiller lorsque le temps sera venu?

– Ça va, ça va.

Protégée par la mince toile de la tente, je m'installe sur le drap déposé sur un sol aussi dur que le ciment et, au même instant, des larmes se mettent à couler. Je pleure.

D'exténuement, sans aucun doute, et peut-être aussi d'envie de quelque chose de familier. Mon corps a chaud. Mon coeur a froid.

Au bout d'un long moment, Sanda vient me chercher.

– Louise, viens! Tu es invitée pour le sacrifice.

– D'accord, j'arrive.

Je réussis tant bien que mal à suivre Sanda dans la noirceur la plus totale. Nous ne sommes guidés que par de légers bruits de voix voyageant dans l'air chaud de la nuit. J'ai peur d'écraser un animal nocturne, un scorpion par exemple. La cérémonie a lieu à quelque cinquante mètres de ma tente. *Voilà bien les cinquante mètres les plus longs de ma vie!* Une fois arrivés sur les lieux du sacrifice, je peux à peine croire ce que je vois : étendu sur le sable, le mouton est attaché solidement par les quatre pattes alors que deux hommes le retiennent. À genoux devant lui, un homme tient dans ses mains un couteau à lame tranchante. Trois jeunes garçons, debout autour de la scène, observent et apprennent les rudiments de leur futur métier.

Le moment est solennel. Aucun bruit, aucune parole. Puis, les trois hommes entament, en chœur et à trois reprises, une prière rituelle. Sanda m'explique qu'ils remercient l'animal pour le sacrifice de sa vie afin de nourrir les familles. Soudain, un bruit sec retentit. D'un seul coup, la lame du couteau a tranché la gorge de l'animal et, par le trou béant, le sang s'écoule doucement dans un trou creusé dans le sable.

Sans perdre un instant, l'homme au couteau se met au travail. Pendant que le sang s'écoule, il incise la peau du ventre de l'animal, en plein milieu à partir du cou jusqu'à l'entrejambe. Il détache ensuite la peau du côté droit et l'étale sur le sable. Puis, il détache la peau du côté gauche et la dépose elle aussi sur le sable. La peau du mouton servira de nappe. La table est mise, pas d'assiettes, pas de plat, pas d'eau, pas d'ustensiles. Pièce par pièce, l'homme au couteau débite l'animal en découpant de courtes lanières de chair encore chaude qu'il accroche sur les branches d'un petit buisson piquant, juste à côté de lui. Le buisson ressemble bientôt à un sapin de Noël décoré de centaines de morceaux de la chair rouge sang du mouton sacrifié.

Pendant ce temps, les femmes s'affairent autour d'un feu de bois sur lequel elles ont déposé une casserole remplie d'eau et de riz. Les hommes s'occupent d'un autre feu sur lequel ils feront cuire certaines parties de l'animal.

Sous l'emprise de la fatigue maintenant incontrôlable, je me réfugie dans ma tente en attendant le festin. À peine ai-je le temps de fermer les yeux, Sanda est là, sur le pas de la porte :

— Viens! Nous allons manger.

Les hommes installés sur la natte savourent sans relâche la nourriture qui leur est offerte. Sanda me tend une branche d'arbre au bout de laquelle pend un long morceau de viande. J'approche de ma bouche la viande rouge et ensanglantée, loin d'être assez cuite pour moi, tandis qu'un haut-le-cœur me terrasse :

— Sanda, je n'ai pas très faim maintenant. Je crois que plusieurs d'entre vous profiteront de ce superbe morceau beaucoup mieux que moi. Peut-être que demain, j'aurai faim. Je te remercie.

Mi-heureux, mi-triste, il regagne la natte avec le

morceau de viande tandis que je reste là à écouter les cliquetis des os sous leurs dents, telle une musique moyenâgeuse. Leur appétit ne connaît aucune limite ce soir. L'animal sacrifié est dégusté jusqu'à l'os.

Des images me reviennent en mémoire. Nous étions dans un simple relais au bord de la route goudronnée et Sanda avait demandé de la viande pour notre groupe. Les quelques morceaux étaient arrivés enveloppés dans un papier journal déchiré. Avec maintes difficultés, j'avais déchiré avec mes dents quelques lamelles de viande plus tendres et juteuses pour finalement mettre au rebus le reste du morceau. Aussitôt, Sanda avait attrapé mon reste et l'avait mangé jusqu'à ce que l'os devienne complètement propre. Ces hommes n'ont aucun dégoût, ne veulent rien jeter et leurs dents déchirent, nettoient, déchiquettent. *Pas les miennes!*

Le lendemain, les os seront prêts à devenir des outils, des bijoux, sauf pour une cuisse que Sanda conserve. Il l'offrira en cadeau à une famille voisine.

La tempête

Sans répit, le sommeil affamé pourchasse mon corps, le nargue, le chahute, cherche un endroit, un temps pour nourrir son désir. Cette nuit, enclavé dans une cavité de sable dur, mon corps rend les armes. Sans bouger, inondé de sueurs, il s'abandonne. Mon corps sue, pue. Mon être a soif de connu.

Le mot « confort » a désormais quitté mon vocabulaire. Il s'est évadé il y a fort longtemps, lors de ma première nuit dans le Sahara. Je ne l'ai point retenu. *À quoi bon? Pourquoi maintenir le confort, les choses, les personnes, les événements? La vie n'est-elle pas symbole de liberté, de changement, d'évolution, de transformation?* Jour après jour, nuit après nuit, l'inconfort est devenu mon compagnon de voyage, un petit animal apprivoisé, une nouvelle façon pour mon être d'expérimenter la vie. Je m'accommode du manque d'eau, de la nourriture rare et je me rends compte que mes besoins les plus primaires – dormir, manger, uriner – sont de plus en plus réduits. Mon corps fait désormais corps avec mon environnement.

Dans une chaleur suffocante, je m'étends, seule, entre les murs de toile fragile de ma tente. À l'extérieur, des bruits de pas, des conversations, des chuchotements me bercent. La fatigue trop longuement accumulée joue son rôle et je me laisse glisser dans les bras accueillants de Morphée.

À peine ai-je le temps de fermer les yeux qu'un bruit de fermeture éclair m'extirpe brusquement du sommeil fragile. D'un mouvement rapide, je relève ma tête : Sanda se tient là, devant moi, nos bagages à la main. En plaçant les sacs dans tous les coins de ma tente déjà trop petite, il lance :

— Il faut se préparer, mettre les bagages à l'abri autour de ta tente pour la soutenir. C'est une tempête de sable!

— Quoi? Une tempête de sable? Comment est-ce possible? Tout est si calme.

J'ai beau tendre l'oreille, écouter, sonder, humer l'air, je ne sens rien. Je ne vois rien. Je n'entends rien. *Qu'est-ce que cette histoire de tempête? Pourquoi Sanda me sort-il de ce sommeil réparateur? Il veut mettre les bagages à l'abri?*

Je peine à penser. Je veux oublier que je suis ici, oublier l'espace d'une nuit que je n'ai pas lavé mon corps depuis des jours, oublier qu'il n'y a presque plus d'eau potable. Découragée, je choisis de rentrer dans mon drap de couchage avec la ferme intention de reprendre mes rêves à l'endroit où ils ont été interceptés. Les yeux fermés, je remercie le ciel pour le sommeil à venir, pour la nuit. Mais, quelques secondes plus tard, le vent se lève et se met à souffler; le sable, à tourbillonner; ma tente, à trembler; les hommes, à crier. Ce vent, je ne le connais pas. C'est, pour moi, du jamais vu, du jamais entendu, du jamais senti. Sanda, lui, le connaît.

Accroupi dans un des recoins de la tente, Sanda insiste pour que je me cache sous mon drap afin d'empêcher le sable fin qui infiltre le matériel trop aéré du toit de me frapper. J'obéis. Mais lorsque je relève un coin de drap, j'aperçois, dans mon minuscule abri pour deux personnes, quatre hommes assis en boule autour de moi. Cinq personnes et de nombreux sacs à dos de toutes les grandeurs partagent cet espace restreint. *Peut-on jouer ainsi avec l'espace? L'étirer? Le comprimer?* Éberluée, j'observe la situation, ne sachant ni ne voulant la qualifier. *Est-ce drôle? Triste? Choquant? Indécent? Ou tout simplement parfait?*

Recroquevillée sur le dessus de mon sac à dos, cachée sous ce bout de tissu étouffant, je respire la chaleur écrasante et poussiéreuse. Je transpire abondamment.

Le vent souffle par rafales, de plus en plus, toujours plus fort. Plus les heures passent, plus son ardeur redouble. *Combien de temps peut-il souffler ainsi?* Le temps semble s'être arrêté.

Inquiète, je soulève une deuxième fois un coin de drap et questionne Sanda :

— Où sont les enfants? Qui s'occupe d'eux? Et les femmes? Qui va les aider? Qu'est-ce qui les protège?

J'aurais tant voulu que les hommes accroupis dans ma tente apportent de l'aide aux femmes et aux enfants. Celles-ci, installées avec tous leurs enfants sous des abris de fortune, sans murs protecteurs, font directement face au vent. J'ai peur pour elles. Sanda me répond :

— Les femmes s'occupent des enfants.

Ainsi se vit la tradition chez les Peuls. Les quatre hommes, immobiles, n'essaient ni de dormir ni de s'étendre. De toute façon, il n'y a pas de place. Ils restent entassés, heureux d'avoir une simple toile qui empêche un peu le sable de happer leur peau, de brûler leurs yeux. Ils semblent sereins. Pas moi. Je me sens tellement seule. Pourtant, je n'ai jamais vu autant d'hommes dans ma tente. Je frôle le désespoir. Je suis épuisée, mes forces lâchent. Je peine à respirer. Les émotions à fleur de peau, sous mon drap, j'éclate en sanglots. *C'en est trop! Je n'en peux plus! J'ai atteint le summum de l'inconfort. J'en ai assez vu! Cette tempête me tue! Je suis perdue!*

Le sable infiltre tout : mes cheveux, mes vêtements et même les pores de ma peau. Les larmes qui glissent sur mon visage ont le goût du sable. Je sue des gouttes énormes. Mon corps est devenu un robinet qui coule sans arrêt. Je sens les restes de toxines sortir de mon corps. La peur de la déshydratation traverse mon esprit. Je rejette cette idée d'un réel coup de tête. *Mon corps contient toute l'eau nécessaire à sa survie. Il se désaltère à la Source, celle de l'Univers, source accessible et inaltérable.* Dans un ultime effort d'imagination, je me gave de pensées liquides, d'eau fraîche, je me roule dans la neige blanche et rafraîchissante. Je sens une pluie douce et régulière se répandre sur moi. Mon esprit vagabonde, lorsque, tout à coup, un violent coup de vent happe la toile trop fragile de ma tente et me ramène à la réalité. En même temps, la fermeture éclair glisse de nouveau. *Qui est-ce cette fois-ci?* Un des hommes sort de ma tente. *Nous aurons un peu plus d'espace, un peu plus d'air.* Non! Ce n'est pas le cas. Un autre homme entre aussitôt, il a le torse nu. Je reconnais Oussa. Son corps a été violemment fouetté, flagellé par le sable pendant des heures. Il a tenu, explique-t-il, les tiges métalliques qui soutiennent ma tente pour qu'elles ne déchirent pas la toile. Sa chemise, elle, est partie avec le vent, vers l'Algérie, ajoute-t-il en riant. Il ne reverra plus jamais sa chemise, mais il rit de bon cœur. Il l'a d'ailleurs déjà oubliée. Les nomades sont les fils du vent. Ils en connaissent les secrets et, comme lui, se promènent sur la surface de la terre.

Ma tente ne sera plus jamais la même après cette épreuve. Moi non plus.

Les heures passent, lentement, tandis que le vent souffle d'une intensité à déraciner le désert. *Véritable cauchemar! J'aimerais que ce soit un rêve.* La tempête continue de frapper, de hurler, inlassablement, et ce, jusqu'à ce qu'apparaissent les premières lueurs du jour. Et là, tout à coup, un silence absolu s'abat sur le Sahara, comme si, en une fraction de seconde, la lumière avait effrayé le vent. Le contraste me laisse croire que la Terre a cessé de tourner, que la vie a disparu de la face de cette planète. C'en est vraiment trop pour elle et pour ses habitants. *Mais pourquoi serais-je la seule survivante? Au fait, suis-je vivante?* J'ouvre les yeux... les hommes ne sont plus là. Je respire. Je suis bien vivante. Totalement exténuée, mais vivante. Je réussis à « décroqueviller » un à un mes muscles engourdis, à bouger un peu, à me mettre debout pour m'apercevoir que la faim et la soif ont fait leur apparition. *Ils devront attendre.*

Tout mon corps tremble lorsqu'une idée me vient à l'esprit, une petite idée qui vient de mon pays : je vais attendre que l'armée vienne nous secourir. *C'est le plus grand désastre naturel que j'aie jamais vécu! Après tout, nous sommes certainement en zone sinistrée!* Et moi qui avais cru qu'Abalak était déjà une zone sinistrée... Je me rends compte maintenant que je n'avais encore rien vu. L'armée ne viendra pas, ni aucun secours d'ailleurs.

J'essaie de ne pas penser à ce qui m'attend. Je me concentre sur ce moment qu'on appelle « maintenant ». Assise au milieu de mon abri, je pleure à chaudes larmes. Puis, je rassemble le courage qu'il me reste et lentement, très lentement, j'ouvre la fermeture éclair de la tente.

D'abord, juste un petit bout, pour ne pas trop me faire peur. Et un autre tout petit bout. Encore une fois, l'inimaginable, l'impensable, la magie, la vie en fait, s'offre à mes yeux :

Une femme trait les vaches dans une calebasse.

Une autre se prépare à battre le mil.

Quelques hommes, à genoux dans le sable, implorent Allah.

Deux autres, accroupis dans leurs longues tuniques, sont éloquemment en brousse.

Le fils de Sanda ramasse quelques branches de bois sec.

Une autre femme prépare le feu de bois.

Les jeunes enfants jouent dans le sable nouvellement arrivé.

Les animaux broutent les quelques brindilles d'herbe qu'ils trouvent et, devant la porte de ma tente, une armée de scarabées géants défile, chacun transportant sur sa carapace une énorme boule de bouse séchée. Je me sens bien petite, pas à la hauteur de ce qui se vit ici. Ces *gens ont-ils oublié la tempête?* Non! La tempête est terminée et il fait beau maintenant. Ces nomades vivent le moment présent. *Je les remercie pour cette leçon de vie.*

Inquiet, Sanda vient me voir. Il se demande comment se porte son invitée.

– Ça va? Ça va?

– Ça va, j'ai survécu.

– Louise, cette nuit, nous avons vécu la plus grosse

tempête de toute notre vie. Le plus vieux d'entre nous n'a jamais vu une tempête semblable. Ça va? Ça va?

– Oui. Ça va. Ça va aller. Peut-on rentrer en ville aujourd'hui? Ma réserve d'eau potable est presque épuisée.

– Oui, on va essayer mais nous avons un autre problème à régler avant de partir. Tous nos moutons ont disparu pendant la nuit, avec le vent. Je dois organiser une recherche.

– Dans quelle direction allez-vous les chercher?

– Nous irons dans la même direction que le vent.

Mes soucis me paraissent soudainement bien insignifiants à côté des leurs. J'ai une jeep, une maison, de l'argent, une famille, des amis, un billet d'avion, un passeport.

Ce matin-là, les membres de la famille me saluent quelque peu différemment. Leurs grands yeux ronds semblent regretter que cette terrible tempête ait eu lieu pendant ma visite. Ils semblent dire : elle part? Je reste? Pourquoi? Une jeune femme me désigne du doigt le ciel, elle me montre la route vers mon pays, quelque part là-bas. Puis, elle se pointe elle-même. Je sais qu'elle veut venir avec moi, dans mon pays, là, où il y a de l'eau, de la nourriture, du froid aussi. Par des gestes, je lui fais part que ce n'est pas possible.

Puis, histoire de me dégourdir, je marche autour du campement à la recherche d'un brin d'intimité. Je repense à cette vieille femme qui, hier, alors que le soleil passait au zénith, s'acharnait à ancrer deux bâtons de plus d'un mètre de long dans le sable. Je l'avais observée pendant des heures. La vieille cognait ses bâtons, les poussait dans le sable dur à coups de roche. Elle avait tenté d'ériger un mur en accrochant une simple natte aux deux bâtons. À chaque tentative ratée, elle recommençait de plus belle, sans hâte ni frustration. La natte rechignait, se rebiffait, refusait de tenir à la verticale. Mais la vieille allait gagner la bataille. Cette nuit-là, le vent avait soufflé exactement dans la direction de la natte et son mur l'avait protégée pendant la tempête. *Comment avait-elle su dans quelle direction le vent allait souffler?*

Les adieux

Mon intention est claire : dans trois jours exactement, je prends cet avion qui me ramènera dans mon pays. Du plus profond de mon être, je suis convaincue que nous avons amplement le temps d'arriver à l'aéroport, même si nous sommes... au milieu de nulle part.

Comme à chaque matin, le conducteur vérifie l'état du moteur de notre jeep. Mais aujourd'hui, il s'acquitte de sa tâche avec une certaine impatience. *Est-il inquiet ou simplement fatigué suite au passage de la tempête de sable?* Juste à côté, les hommes empilent les bagages à l'arrière de la jeep pendant que Sanda organise la battue afin de retrouver les moutons égarés. Je profite de ces derniers moments pour faire mes adieux aux femmes et aux enfants. Leurs larges sourires, leurs yeux brillants et chaleureux s'inscrivent dans ma mémoire alors que les femmes m'offrent des bracelets très colorés fabriqués de leurs mains.

Lorsque tout semble fin prêt pour le départ, d'un signe de la main, Sanda appelle son fils Baleri au moment où celui-ci partait avec le troupeau de vaches. Le jeune garçon obéit et revient vers son père. Allait-il recevoir un morceau de viande? Une caresse? Un conseil? Non. Sanda lui demande d'enlever les sandales de ses pieds. Puis, il tire de sa tunique du fil et une aiguille et se met à réparer, lentement, les sandales de son fils. Il travaille depuis un bon moment lorsqu'un meuglement attire notre attention. Les vaches, impatientes de brouter de l'herbe laissée à découvert par la tempête de sable, partent sans Baleri. Le jeune berger a vite compris. Pieds nus, il part en courant de toutes ses forces parmi les herbes tranchantes et les épines pointues, afin de reprendre le contrôle du troupeau. Il ramène bien vite les vaches exaspérées, les attache solidement et revient vers son père qui n'a pas cessé de réparer les sandales. Il s'assied auprès de Sanda et retire, une à une, les épines de ses pieds. Lorsque Sanda termine le travail, il remet à son fils les chaussures raccommodées et, toujours d'un geste de la main, pointe le troupeau en attente. Le jeune garçon, une petite gourde sur l'épaule, s'exécute sans mot dire. Il part, tête haute, visiblement fier de la confiance que son père lui manifeste. Ce matin-là, le simple langage du cœur remplit l'air ambiant.

Le temps est maintenant venu de dire adieu à Oussa. Je pars tandis que lui reste en brousse. Oussa a été un fidèle compagnon de route et je veux le serrer dans mes bras, mais je sais ce geste inacceptable selon leurs traditions. Je frotte la paume de ma main contre la sienne en répétant :

— Foma, foma, foma.

Oussa peut maintenant construire des phrases en français et s'exprimer assez clairement. Il a appris ma langue, mais moi, pas la sienne. Il me montre les plumes dont il est désormais le gardien et, en homme fier, ajoute :

— Un jour, je les ramènerai au Canada.

Dans son regard profond et majestueux, je reconnais une intention pure et claire qui monte dans le ciel bleu du matin. Je sens qu'il parle avec son coeur et je sais que les souhaits venant directement du coeur sont réalisables dans le monde physique. Au même instant, un frisson me traverse : un jour, Oussa traversera l'océan.

Tout est désormais fin prêt pour le grand départ : vers la route, la capitale, l'aéroport, mon pays et les miens.

D'un bond, le conducteur saute à bord du véhicule et insère la clé dans le démarreur. Visiblement, il a retrouvé sa bonne humeur. Il tourne la clé une fois : aucun bruit. Il tourne une deuxième fois. Rien. *Rien?* Non, le moteur ne démarre pas.

Les sept passagers et le conducteur descendent de la jeep pendant que les hommes présents se rassemblent pour pousser le véhicule. La jeep soulagée d'un bon poids se laisse pousser, pousser, mais rien ne bouge. Au deuxième effort de tous ces grands corps d'hommes bleus réunis, le moteur ronronne. Le désert vibre en même temps. Moi aussi.

– Les plumes, dit Sanda.

– Tu as raison! Les plumes! dis-je en pensant aux plumes qui restent au campement nomade avec Oussa. *Qu'allons-nous faire sans elles?* Je réponds instantanément à ma propre question en me disant que l'esprit des plumes demeure avec nous.

Nous remontons à bord du véhicule en marche et, en signe d'adieux, des mains s'élèvent vers le ciel. Ma mémoire imprime ces derniers instants en compagnie de mes nouveaux amis, les horizons à perte de vue, le sable sans fin, leurs animaux. *Est-ce que je reviendrai un jour dans ce désert?* Nul ne le sait et, pour l'instant, je ne peux même pas l'envisager.

Par la fenêtre de la jeep, je regarde disparaître, avec un mélange de nostalgie et de joie, le campement de la famille de Sanda. Je me sens privilégiée de les avoir connus, d'avoir vécu avec eux et, en même temps, je sais que mon corps ne peut supporter beaucoup plus longtemps leur régime de vie. Ainsi, tout est parfait. Oussa s'éloigne, avec les plumes. *Elles sont entre bonnes mains.*

La jeep roule maintenant en plein désert, là où il n'y a ni route ni piste. Une petite inquiétude surgit dans mon esprit aux aguets. J'ai la nette impression que nous nous dirigeons dans une direction opposée à Niamey.

– Sanda? Où allons-nous? Je croyais que Niamey était dans l'autre direction?

– Tu as raison, mais nous allons conduire les deux hommes dans leurs familles qui habitent tout près d'ici. Nous avons une jeep et ils sont à pied.

Probablement pour la première fois de leur vie, ces hommes ont accès à un véhicule motorisé pour se rendre jusqu'à leur campement de brousse. *Un peu de patience!*

L'aventure

Nos deux passagers descendent à leur campement nomade installé dans une oasis où l'eau est souillée et les arbres rabougris par la sécheresse. La jeep s'enfonce plus profondément encore dans la brousse lorsque j'ai à nouveau la nette impression que nous roulons en direction opposée à notre destination.

– Sanda! Où allons-nous? Il me semble que Niamey est de l'autre côté.

– Tu as encore raison Louise. Mais il y a une oasis tout près d'ici et le terrain est très boueux. On pourrait s'enliser. Nous devons faire un détour.

Je me félicite tout de même pour mon sens de la navigation dans ce paysage sans indice, ni panneau d'indication. Tout à coup, le conducteur prend un virage serré vers la droite, justement vers les arbustes à éviter. Mon cœur sursaute. Le véhicule roule déjà dans le sable boueux et il est trop tard pour s'en éloigner. Le conducteur manoeuvre aussi bien qu'il le peut, mais, très vite, le véhicule s'enlise dans la boue. *Non! Ce n'est pas possible!* Les hommes descendent, dégainent leurs épées, coupent les plus grosses branches des arbrisseaux de l'oasis et les enfouissent sous les pneus de la jeep. Le conducteur effectue quelques manoeuvres, reculant et avançant jusqu'à ce qu'un puissant coup de pied sur l'accélérateur remette la jeep sur le sec. Nous sommes sauvés.

Tout est rentré dans l'ordre. Nous roulons à une bonne vitesse quand, soudain, le même scénario se produit. La jeep s'enlise à nouveau et, en même temps, le bruit du moteur s'évanouit. Sanda ne parle plus, n'ose pas me regarder. La peur se dessine sur son visage. L'immensité pèse très lourd, le silence aussi.

Le conducteur fait tourner la clé une première fois. Un long ronronnement dérange un peu le silence. Puis plus rien.

Il tourne la clé une deuxième fois, un plus léger ronronnement.

Il tourne la clé une troisième fois. Cette fois, c'est mon coeur qui gronde le plus fort.

La batterie du moteur est vide. Les hommes à bord du véhicule ne bougent ni ne parlent. Moi de même.

Je jette un coup d'œil autour de moi. Le sable à perte de vue, quelques cactus et arbrisseaux. Mille et une idées surgissent dans ma tête en même temps. C'est la panique à l'intérieur. *Dans quel pétrin me suis-je foutue?* Je refais un tour d'horizon juste au cas où mes yeux auraient raté un village, un garage. Non, rien ne bouge. Peut-être un autre véhicule passera-t-il dans six mois? Dans dix ans? Pour l'instant, nous sommes enlisés dans le désert du Sahara, là où les jeeps ne vont pas.

Je pense au service d'urgence « 911 », au CAA[9], au poste de police local. *C'est ridicule.*

Sous un soleil de plomb, je découvre qu'il me reste moins d'un quart de litre d'eau potable. Je commence à

---

[9]. Canadian Automobile Association : un organisme qui dépanne les véhicules motorisés.

imaginer le pire : un jour, dans quelques centaines d'années, les archéologues découvriront mes os séchés par le soleil. *Au secours! Contrôler le flot de mes pensées. Stopper la panique! Immédiatement! Créer un autre scénario.* Dans les circonstances, la tâche n'est pas simple, surtout lorsque Sanda m'annonce :

— Louise, tu as une auto au Canada. Tu sais ce qu'il faut faire pour sortir d'ici? Dis-moi!

En entendant les paroles de Sanda, une réelle panique s'empare de moi. *Quoi? Je suis garagiste maintenant? Ce n'est pas possible!* Me ressaisissant :

— Sanda, il nous faut plusieurs hommes. Beaucoup d'hommes forts. On doit sortir la jeep de la boue et la pousser en terrain sec et dur, comme vous avez fait ce matin.

Sanda se tourne vers deux jeunes hommes qui étaient montés à bord et leur donne des instructions. Les garçons partent en courant vers l'horizon. *Personne ne court dans le désert chaud, sec et étouffant!*

Puis, Sanda revient vers moi :

— Louise, tu dois te mettre à l'abri du soleil, là-bas, sous l'arbuste. Reste tranquille! Ne bouge pas trop!

— Bien, Sanda. Merci. Mais, où sommes-nous exactement?

— Nous sommes à deux jours de chameau du prochain village et nous n'avons pas de chameau.

Le soleil approche du zénith et la chaleur s'intensifie. Dans ces conditions, le moindre mouvement s'avère pénible. Et les heures passent. Le conducteur s'affaire autour du moteur. Il ressemble à un jeune garçon qui aurait reçu en cadeau les pièces d'un petit camion et qui doit les remettre ensemble pour le faire fonctionner. Sauf que, aujourd'hui, il manque les instructions. À un rythme digne d'un escargot, il examine chaque pièce, dévisse les boulons qui s'éparpillent sous le capot grand ouvert. L'huile mêlée au sable transporté par la tempête de la veille a transformé le moteur en véritable bloc de sable. Même s'il veut bien nettoyer les pièces ensablées, il n'a pas d'eau. Il souffle donc sur les pièces, une à la fois, puis il fait un geste devant lequel je demeure ahurie : il dépose chaque pièce encrassée dans sa bouche et, de sa propre salive, il dissout la saleté, sans trop cracher pour conserver l'humidité de sa bouche. Des heures durant, je vais l'observer, fascinée par le spectacle de l'homme et de son moteur.

Je veux immortaliser ces instants poignants sur la pellicule de mon appareil-photo, mais une vive émotion m'empêche de le faire. La situation est trop critique. Je reste là, sous mon arbrisseau, à observer la scène.

Tout comme Sanda, pensif, je ressens mon impuissance. Il s'approche de moi :

– Louise, si je reste vivant, je te ramènerai à Niamey à temps pour prendre ton avion.

Sans une seconde d'hésitation, je rétorque :

– Sanda, tu vas rester vivant, et moi aussi. Je prends l'avion à Niamey dans deux jours.

Dès lors, je décide que nous allons sortir de cette impasse. Je sens que je dois visualiser les scènes. Je me mets à imaginer la route qui nous attend, de l'autre côté de l'enlisement. Je vois le premier village qui nous accueillera et le puits qui délestera son précieux butin dans nos gourdes vides. Je vois les quelque neuf cents kilomètres de route goudronnée, trouée, sinueuse, inondée. Puis j'aperçois la capitale, Niamey. Elle est là, dans ma pensée, bien vivante, tout comme l'aéroport et l'avion qui me ramène dans mon pays, dans ma famille.

J'ouvre les yeux et je constate que notre situation n'a guère changé. Je jette un coup d'œil au quart de litre d'eau potable que je goûte de temps en temps quand ma bouche n'en peut plus de saliver le sable. Je médite et une sorte de mantra me vient à l'esprit. Je le répète, répète et répète, comme une prière qui s'élève dans le ciel bleu.

Je rentre à Niamey de façon confortable et j'arrive à temps pour prendre mon avion.

Je rentre à Niamey de façon confortable et j'arrive à temps pour prendre mon avion.

Je m'aperçois qu'en occupant mon esprit à répéter ces mots, je bloque toutes les idées possiblement négatives. Elles sont interceptées avant même d'exister.

Je rentre à Niamey de façon confortable et j'arrive à temps pour prendre mon avion.

Je rentre à Niamey de façon confortable et j'arrive à temps pour prendre mon avion.

Les heures passent, péniblement. La déshydratation de mon corps doit être proche. Je dois agir, rapidement, avant que mon esprit ne chavire. *Que faire?* Comme à certains moments difficiles de ce voyage, je m'adresse à chaque cellule de mon corps. J'ai tout mon temps. Je leur parle, presque individuellement, comme on parle à de bonnes amies. Je les réconforte. Je les aime toutes, une à la fois. Je leur exprime ma gratitude pour les efforts qu'elles sont en train de fournir. Je leur explique leur importance dans l'objectif que nous poursuivons, ensemble : *Nous allons à Niamey, dans le confort...*

En fait, mes cellules, c'est tout ce que j'ai ici, sous cet arbuste. Je les sens fatiguées, assoiffées, brûlées par le soleil. En pensée, je les rafraîchis avec de merveilleux flocons de neige. Je les abreuve d'eau fraîche. Je les vois briller, vibrer, chanter, danser, tout doucement.

Soudain, les amis québécois avec qui j'avais marché et médité dans le silence du Sahara marocain apparaissent dans mes pensées. Je fais appel à l'esprit de toutes ces personnes réunies et leur demande une aide immédiate. À peine ai-je ouvert les yeux que le ciel se mêle avec la terre dans un tourbillon de nuages teintés de bleus et de bruns, des lignes à l'horizontale, un peu floues, un peu masquées par je ne sais quoi. Je n'ai qu'une seule idée : répéter mon mantra en remerciant Dieu, l'univers, le ciel et la terre de me ramener à Niamey, dans le confort et à temps… Puis, au bout de mon champ de vision, des vibrations étranges, des ombres qui bougent. Sans doute des vagues de chaleur qui montent de la surface du désert. *Un mirage?* Ce doit être un mirage. Je délire. Je referme les yeux, un peu pour me consoler. Quelques minutes plus tard, des bruits s'ajoutent aux ombres qui approchent. Des ombres qui prennent forme humaine. De vrais hommes marchent vers nous. Et ils sont nombreux! Plus d'une dizaine. Nos deux coureurs rapportent de l'aide. Nous sommes peut-être sauvés.

Sans hésiter, je continue mon mantra.

Je rentre à Niamey de façon confortable et j'arrive à temps pour prendre mon avion.

Des hommes enturbannés, jeunes et moins jeunes, se présentent à Sanda.

— Foma, foma…

Je ne comprends pas les propos qu'ils échangent, mais je sens leur détermination à nous aider. Fatigués, ils s'installent sous le peu d'ombre qu'ils trouvent afin de se reposer de leur longue marche.

Au bout d'un bon moment, tous, sauf le plus âgé, se mettent au travail et réussissent à pousser la jeep hors de son enlisement jusqu'à une butte de sable sec. Un problème subsiste : la batterie est toujours à plat. D'un commun effort, ils réussissent à nouveau à pousser la jeep, mais elle ne roule pas assez vite pour permettre le démarrage. Aucun bruit! Une deuxième fois. Rien. Épuisés, ils se replient sous les buissons pour un repos bien mérité.

Le plus âgé, resté près de moi, m'adresse la parole dans un français élémentaire.

— Tu reviendras ici?

— Je ne sais pas.

— Quand tu reviendras, je te donnerai un de mes fils.

— Je te remercie beaucoup. Mais, tu sais, j'ai deux fils.

— Ce n'est pas beaucoup.

Les autres hommes se sont levés. Ils font bouger la jeep vers l'avant, vers l'arrière. Encore et encore. Bientôt, un bruit de moteur. Celui-ci tourne mais il s'arrête rapidement. Personne n'appuie sur l'accélérateur. Mon coeur fait un tour complet sur lui-même et s'arrête presque, en même temps que le moteur. Je me ressaisis, me recentre et répète, intérieurement :

Je rentre à Niamey de façon confortable et j'arrive à temps pour prendre mon avion.

Je rentre à Niamey de façon confortable et j'arrive à temps pour prendre mon avion.

Cette fois-ci, les hommes, encore plus fatigués, prennent une longue pause, sans boire ni manger. Puis, ils se relèvent et recommencent à pousser, pousser et pousser encore plus fort. Par devant, par derrière. Tout à coup, mon cœur bondit dans ma poitrine! « VRRMMM » Le moteur! Je me lève à toute vitesse, saute au volant de la jeep et j'appuie sur l'accélérateur. Ça y est! Nous sommes sauvés! Enfin, peut-être.

Les larmes qui coulent sur mes joues ne sont ni de tristesse ni de joie. Elles viennent d'un espace en moi qui sait que lorsque mon intention est pure, juste, je peux créer, en imaginant, en visualisant, en agissant. Ce qui n'est pas vouloir contrôler, ni manipuler, mais plutôt se rendre complice de la marche de l'Univers. La plante de l'Amazonie me l'avait révélé : je peux créer ma réalité. Il est donc possible de se sortir d'une impasse comme celle-ci. Je répète mon mantra :

Je rentre à Niamey de façon confortable et j'arrive à temps pour prendre mon avion.

Je rentre à Niamey de façon confortable et j'arrive à temps pour prendre mon avion.

Tous les mercis du monde allaient-ils suffire? Ces hommes ont fort probablement sauvé ma vie. Sanda me regarde profondément et me dit, avec son calme désormais légendaire :

— Les plumes...

Oui, l'esprit des plumes est toujours avec nous.

« Tout le monde à bord! », crie Sanda. Et c'est ainsi que nous quittons le désert et nos sauveteurs. La jeep entreprend un très long périple à travers les milliers de dunes. Le conducteur ne prend aucun risque, fait de grands détours pour éviter les moindres écarts de terrain.

– Un village! crie soudain Sanda.

Je ne vois rien à l'horizon mais je sais que l'acuité visuelle des gens du désert est, dans le contexte, beaucoup plus développée que la mienne. La jeep s'arrête à côté de deux chameaux « stationnés » devant ce qui ressemble à un magasin général. Le seul indice démontrant la vocation commerciale de cet endroit consiste en une clôture de bois où les chameaux sont attachés. *Far-ouest africain!* Sanda et tous les hommes descendent de la jeep et se précipitent dans le magasin emportant avec eux toutes les gourdes, sauf les miennes. Je reste dans le véhicule, un pied sur l'accélérateur pour m'assurer que le moteur ne s'arrête pas. Les hommes reviennent bientôt transportant avec eux les gourdes gonflées d'un liquide de la couleur du désert.

– Tu auras de l'eau potable au prochain village, me dit Sanda.

– Est-ce bien loin?

– Environ une heure, si tout va bien.

Nous roulons désormais sur des pistes qui apparaissent et disparaissent au gré des dunes nouvellement formées par la récente tempête.

– Sanda, c'est exactement comme au Canada après une bonne tempête de neige et de poudrerie, la neige s'accumule en buttes sur les routes.

Sanda, absorbé par la recherche de la bonne direction, ne répond pas.

Le temps s'écoule et nous poursuivons maintenant notre route avec un peu plus d'assurance.

À un certain moment, Sanda se penche vers moi :

– Ce soir, nous allons dormir chez le médecin du village. C'est mon ami. Il nous accueillera. Tu pourras te laver avec de l'eau qui tombe d'en haut, ajoute-t-il en gesticulant. Tu sais? Comme ce que tu utilises chez toi pour te laver.

Je comprends qu'une douche m'attend et que je pourrai enfin me laver. *Le confort?*

Finalement, nous rejoignons la route nationale. L'ocre et l'indigo peignent le ciel de fin de jour lorsque la jeep s'arrête enfin devant l'entrée de la maison du médecin, sise dans un petit village sur le bord de la route goudronnée. Sanda entre seul, demande l'asile pour la nuit. Le médecin nous accueille à bras ouverts et m'apporte une chaise en signe de bienvenue. *Une vraie chaise!* En m'y installant, je réalise à quel point une simple chaise peut être « confortable ». Devant moi, l'hôpital : les malades sont étendus sur des nattes déroulées sur le sable, sans protection autre que le firmament. Des membres de leur famille préparent le thé et la nourriture près d'eux. Le médecin m'indique, dans un coin de la cour, un bâtiment verrouillé où sont conservés les médicaments qu'il distribuera avec parcimonie lors de sa prochaine visite auprès des malades, au petit matin.

Notre jeep, stationnée à l'extérieur du mur d'enceinte,

est encore en panne, le moteur ayant rendu l'âme dès notre arrivée. Elle doit être poussée à bras d'hommes dans un lieu sécuritaire pour la nuit.

Sanda me rassure :

– Demain, nous voyagerons en minibus.

Des minibus passent par ici?

Ce soir là, au village, c'est la fête. Le marché hebdomadaire a eu lieu durant la journée et Sanda profite de l'occasion pour organiser un festin de viande, de cola, de riz et d'eau potable car même les sacs de plastique transparents remplis d'eau potable sont réapparus. La vie est bonne et autant en profiter pour prendre une bonne douche. Alors que je m'apprête à passer sous l'eau, Sanda me signale :

– Ce soir, il n'y a pas d'eau. Le système de pompage du village est arrêté.

– Ce n'est pas grave, Sanda. Ce sera pour une autre fois.

Mon corps s'est habitué aux contretemps. Les déceptions passent désormais bien vite. Je peux attendre encore. D'ailleurs, y a-t-il autre chose à faire? Assise sur la natte à côté de mon compagnon, j'écoute ses paroles en sirotant le thé traditionnel. Il raconte, dans sa langue, à tous les interlocuteurs rassemblés autour de nous, cette journée inoubliable. Puis, se tournant vers moi, il ajoute dans un français devenu très acceptable :

– Tu sais Louise, ce matin, quand nous étions enlisés dans la brousse, j'ai eu très peur. Je ne savais vraiment pas ce qui allait nous arriver. J'ai eu peur pour toi. J'ai eu peur que tu manques d'eau et que tu ne puisses pas retourner à l'aéroport à temps. Je ne voyage jamais dans une jeep. J'ai donc imaginé dans ma tête toutes sortes de scénarios pour te sortir de là vivante.

— À quoi as-tu pensé?

— J'ai pensé marcher jusqu'à un campement pour emprunter un chameau et me rendre au village le plus proche. Là, j'aurais cherché une autre jeep et je serais revenu te chercher.

— Ça aurait pris beaucoup de temps.

— Oui. Pendant mon absence, il aurait fallu que tu habites dans un campement de nomades. Tu aurais survécu. Mais tu aurais manqué d'eau potable et tu serais sans doute tombée malade. C'est pourquoi il fallait trouver une autre solution.

— Merci, Sanda, de voir à mon bien-être. Moi aussi, je me suis inquiétée, assise sous l'arbre. C'était difficile de faire autrement. Mais tu as persévéré et tu as trouvé une façon de sortir de l'impasse. Je n'oublierai jamais ce que tu as fait pour moi.

Je goûte un morceau de viande plus ou moins cuite tandis que Sanda déguste avec beaucoup d'appétit tous les autres avant de m'offrir le deuxième thé.

Avant de m'endormir, je remercie encore une fois les cellules de mon corps et tandis que j'essaie de les convaincre du retour imminent au confort, mon imagination s'emballe... une douche d'eau fraîche... un repas épicé... des fruits frais... des légumes... la neige... le ski... une tempête de neige... des lacs... des montagnes enneigées... des glaciers...

La jeep bleue

Destination : Niamey

Distance à parcourir : 900 kilomètres

Temps disponible : 48 heures

Cette nuit-là, dans la cour du médecin du village, un songe a traversé mon sommeil. Dans mon rêve :

Je suis chamelier et je voyage avec une caravane de sel qui traverse le grand désert de l'Afrique du Nord. Alors que les chameaux longent d'énormes dunes, un véhicule tout neuf, très beau, passe à côté de la caravane. C'est une magnifique jeep, bleue comme le ciel au crépuscule.

Je me réveille en sursaut. Ayant vraiment hâte de rentrer chez moi, je plie bagages et remercie le médecin de son hospitalité. Puis, en véritables nomades, « nos possessions » sur le dos, Sanda et moi marchons jusqu'à la route nationale, où il sera possible, selon lui, de trouver un minibus. Le conducteur et le propriétaire de notre jeep handicapée restent au village afin de la remettre en état de marche.

Dans ce coin désertique et reculé, le flot de circulation automobile est plutôt faible. *Fais confiance...*

Assise sur les bagages, au bord de la route, je surveille le passage des véhicules pendant que Sanda salue les gens. J'observe la vie de ce village. Il y a des bruits, des odeurs, du mouvement, beaucoup de gens. Cette agitation m'indispose. J'ai perdu l'habitude du trop-plein et il y a trop de tout ici. Lorsqu'un homme d'âge mûr m'adresse la parole, j'engage une conversation :

— Que faites-vous ici? Les touristes ne s'arrêtent pas dans ce village? me dit-il.

— Je m'y suis arrêtée pour la nuit.

— Mais il n'y a pas d'hôtel ici!

— J'ai dormi chez le médecin du village.

— Pourquoi êtes-vous venue au Niger?

— J'ai été invitée à la Cure Salée.

— Oh! C'est bien. Vous avez aimé la fête?

— Oui, beaucoup. C'est très différent des fêtes dans mon pays.

— Vous êtes française?

— Non, je suis canadienne. Je viens du Québec. Et vous, vous vivez ici depuis longtemps?

— Oui, mais je suis déjà allé à la ville.

— C'est là que vous avez appris le français?

— Oui. J'ai vécu à Niamey pendant plusieurs années. J'y ai travaillé. J'ai vu les édifices à étages et la télévision. Après quelques années, je suis revenu vivre ici, avec ma famille.

— Vous aimez la vie, ici?

— Oui. C'est tranquille. Tout le monde se connaît. On s'entraide lorsque quelqu'un a des difficultés. Ce n'est pas la même chose en ville, souligne le vieil homme.

– Est-ce que vous travaillez?

– C'est difficile de trouver du travail. Parfois, je vends des objets au marché.

Un groupe de curieux s'est attroupé et ils écoutent, bouche bée, notre conversation, sans trop comprendre nos propos. Bientôt, des odeurs appétissantes se faufilent au creux de mes narines.

– D'où vient ce fumet? demandé-je au vieil homme.

Il m'explique alors que, chaque matin, dans les petites bicoques du bord de la route, des hommes cuisent des beignets. J'offre quelques francs à un des garçons qui nous entourent et il revient avec un sac bien rempli de pâtisseries toutes chaudes qui disparaissent rapidement dans les estomacs affamés.

Soudain, un grondement de véhicule attire mon attention. C'est un minibus. Sanda négocie pour moi une place sur le siège «confortable» juste à côté du chauffeur, monte nos bagages sur le toit et s'installe sur un des sièges arrière, rejoignant un groupe déjà nombreux. Cahin-caha, le bus réussit à rouler quelques kilomètres avant que le moteur ne se mette à tousser, pouffer, puis étouffer. Une seconde fois en deux jours, nous sommes en panne.

Sans la moindre hésitation, Sanda se lève, descend du véhicule et s'approche de ma fenêtre grande ouverte :

– Aujourd'hui, nous ne voyageons pas dans un véhicule toujours en panne. Hier, c'était assez.

– Que fait-on?

– On descend ici. Je vais reprendre nos bagages et demander le remboursement de l'argent. Tu arrêtes le prochain véhicule qui passe. Ça va? Ça va?

– Heu...oui. Ça va.

En attendant mon ami, je me mets à réfléchir et je me questionne sur le nombre de bus qui parcourront cette route isolée aujourd'hui... Et puis, Sanda obtient son remboursement, fait descendre tous nos bagages, les empile sur le bord de la route. Au même moment, une automobile roulant dans la bonne direction apparaît. Je l'arrête.

Pendant que Sanda négocie le coût, je commence à déposer les bagages dans le coffre arrière du véhicule. Mais Sanda se transforme en géant frustré. Regard de glace, paroles acérées, je ne l'ai jamais vu dans cet état : il refuse de monter à bord et, hurlant de colère, descend les quelques bagages que j'avais réussi à empiler dans le coffre. J'observe la scène, tentant de comprendre ce qui se passe. Puis, reprenant son calme naturel, Sanda m'explique :

– Ce voleur nous demandait un prix exorbitant pour nous emmener au prochain village. J'ai tout simplement refusé. Ce n'est pas parce que tu voyages avec moi que nous paierons plus cher. Non! Ça ne se passera pas comme ça.

Connaissant maintenant la raison de sa colère soudaine, je ressens envers lui une immense gratitude. *Combien de fois ai-je douté de cet homme qui ne cesse de venir à mon secours, de me protéger, de m'accueillir comme un membre de sa famille? Comment lui transmettre mon admiration? Comment le remercier?* Les mots me manquent.

– On va prendre le prochain bus, ajoute Sanda.

Le prochain bus? Quand? À quelle heure? Ici, le concept

d'horaire de bus ne semble pas exister. *Mieux vaut relaxer un peu.*

Je rêve encore une fois au confort, à la brise fraîche de l'été des Indiens, en ce moment, au Québec, quand, du coin de l'œil, j'aperçois un homme très grand, coiffé d'un turban indigo qui marche vers nous. *D'où sort-il? Où va-t-il?* L'homme me salue poliment puis se tourne vers Sanda.

– Louise, voici un ami. Il est touareg.

Sa prestance m'impressionne. J'apprends qu'il était un des chefs de la rébellion des Touaregs durant les années quatre-vingt-dix. J'aurais voulu parler sa langue et lui poser des questions sur sa vie, la politique, les résultats de leur lutte contre le gouvernement. Je ne réussis à saisir que quelques brides de la conversation. Les Touaregs avaient lutté pour revendiquer des postes au gouvernement, le droit de voter, d'être entendus et de participer à la gestion de leur pays. Mon nouvel ami était-il content des résultats? Je ne saurais dire.

Après maintes salutations, l'homme continue de marcher dans le désert puis s'arrête brusquement et gesticule vers nous.

– Viens! Nous sommes invités pour le thé, dit Sanda.

– Invité par qui? Où?

– Là-bas, tu vois?

– Non, je ne vois pas.

– Il y a un campement là-bas. Ce sont des amis. Viens!

– Mais, Sanda, nous devons surveiller les véhicules qui passent sur la route!

– On va les entendre venir. Ça va? Ça va?

Non, ça ne va pas vraiment, mais j'obéis à Sanda. Nous laissons la pile de bagages sur le bord de la route déserte et nous marchons en direction de... rien. Enfin, je ne vois rien encore.

Lorsque j'aperçois enfin le campement, un homme s'approche pour nous accueillir à bras ouverts. J'apprends que cette famille est sédentarisée depuis maintenant huit ans. Les tentes sont donc installées de façon permanente et des clôtures délimitent leur milieu de vie.

L'homme, assis sur la natte, prépare déjà le thé. Nous prenons place à ses côtés alors qu'une femme apporte une calebasse remplie de riz-maca. Toujours avec l'unique cuillère, nous partageons ce repas en attendant un minibus qui ne vient pas. Malgré le réconfort que m'apportent la nourriture et le thé sucré, mon cœur se balade ailleurs, loin d'ici. *Aujourd'hui, je rentre à Niamey. Aujourd'hui!*

Sanda, heureux d'être avec ses amis, ne sent pas mon anxiété qui grandit.

– Louise, tu vas visiter le campement avec les femmes.

– Mais, Sanda, je veux aller à Niamey.

– Ça va. Ça va. Tu vas visiter avec les femmes. Elles vont te montrer leurs maisons. Tu dois voir ça. C'est différent de la brousse.

– Mais si un bus vient, qui va l'arrêter?

– On va entendre le bruit de la route.

– Ça va. Je vais suivre les femmes, dis-je sans grand enthousiasme.

Je me lève et rejoins, sous le toit avoisinant, quelques jolies et jeunes femmes affairées à leurs tâches routinières. Leur regard s'illumine dès que je m'approche et avec un plaisir réel, elles me montrent leurs « appartements » et leurs « possessions ». L'une d'elles est particulièrement fière de ses quelques connaissances de la langue de Molière.

— Tu veux voir nos calebasses? me demande-t-elle.

— Oui, je veux bien, dis-je, sans trop laisser paraître mon manque d'intérêt.

Je reste attentive aux bruits d'éventuels véhicules qui pourraient passer sur la route nationale goudronnée, loin, là-bas. Je surveille le moindre ronronnement de moteur. Il n'est pas question de manquer le prochain bus.

— Que faites-vous avec toutes ces calebasses? lui demandé-je.

— Je les vends au marché, le jeudi, ou sur le bord de la route.

Étant sédentarisées et n'ayant plus à s'occuper ni des bêtes ni du déménagement presque quotidien, les femmes emploient leur temps à la décoration des calebasses. À l'aide de couteaux plutôt rudimentaires, elles découpent des motifs sur la peau extérieure de la grosse courge et ajoutent quelques teintures naturelles aux entailles gravées. Mais décidément, ma tête est ailleurs. Je répète sans cesse en pensées : *Je rentre à Niamey aujourd'hui. Je rentre à Niamey aujourd'hui...*

Sanda, assis sur la natte avec son ami, palabre toujours, thé à la main. Je semble ne plus exister pour lui. Redoublant d'efforts pour me concentrer, je continue ma visite avec les femmes en les suivant le long d'un petit sentier clôturé jusqu'à la chambre des maîtres. *Quelle différence avec les maisons en brousse!* La tente arrondie fabriquée d'une toile multicolore est décorée avec soin; elle est spacieuse et aérée. En son centre, le lit conjugal. Je me crois au pays des Mille et Une Nuits.

La discussion dérive sur les conséquences de leur sédentarisation.

– Où sont vos enfants?

– Les enfants sont en brousse avec les vaches et les moutons. Ils apportent le lait ici, trois fois par semaine.

– Vous êtes contents?

– Oui. Nous avons plus de confort.

Du confort?

– Pourquoi avez-vous choisi cet endroit-ci?

– Il y a un puits là-bas, m'explique-t-elle en pointant le puits que je n'avais pas remarqué.

Soudain, un bruit lointain. Je cours, je fais des signes. La jeep a passé bien vite. La conversation reprend de plus belle. Puis, un deuxième bruit de moteur vibre dans l'air. Au loin, je vois passer, à une allure folle, une deuxième jeep qu'il m'est impossible d'intercepter : nous sommes beaucoup trop éloignés de la route. Je jette un coup d'œil à Sanda qui n'est guère préoccupé par autre chose que sa conversation amicale. *Vais-je demeurer coincée ici? Je rentre à Niamey de façon confortable aujourd'hui.*

Tout à coup, un autre ronronnement sourd. Faussant compagnie aux femmes, je m'élance d'un seul bond, en courant sur le sable, les bras agités vers le ciel, criant de toute la force de mes poumons : « Au secours! Au secours! » Le véhicule d'un superbe bleu azuré passe bien vite. Le conducteur de la jeep n'aperçoit pas, si loin dans l'étendue désertique, la femme, blanche d'inquiétude, s'époumoner afin d'attirer son attention. Mais finalement, il capte mon cri de désespoir voyageant dans l'air sec du matin, et, regardant maintenant vers moi, il négocie un rapide tour de volant. Il roule désormais dans ma direction et s'arrête juste à côté de moi. Dans un français impeccable, il me dit :

— Où vas-tu?

— À Niamey.

— Moi aussi, répond-il d'un ton élégant et assuré.

Quoi? Est-ce possible? Quelqu'un qui roule neuf cents kilomètres le même jour, et il est ici à côté de moi? Dans une belle jeep bleue tout neuve?

— Combien y a-t-il de personnes dans votre groupe?

— Nous sommes deux. Je suis avec lui, dit-il en pointant du doigt Sanda qui se lève, un verre de thé à la main.

— Avez-vous des bagages? poursuit-il.

— Oui. Ils sont sur le bord de la route, là-bas.

Il jette un coup d'œil intéressé aux bagages et continue :

— Embarque. Vous êtes bienvenue.

— Un instant. Je veux savoir combien d'argent tu me demandes pour faire ce voyage?

— Rien, c'est gratuit. Je vais à Niamey.

De toutes mes forces, je m'écrie :

– Sanda, viens vite! Nous allons à Niamey!

Je me sens flotter un peu. Je vacille, je me ressaisis. *Est-ce bien vrai?*

Une fois les bagages empilés à l'arrière de la jeep, je me retrouve sur la banquette arrière, seule avec Sanda. Au total, nous sommes quatre à bord, incluant le copilote. Le conducteur a de grands yeux noirs brillants, des cheveux courts un peu frisés. Il porte une tunique couleur paprika. À ses côtés, un homme bien habillé, à l'allure plus modeste. Entre les deux sièges, de l'eau et des biscuits. C'est la première fois depuis le début de ce voyage que je ne suis pas assise avec cinq ou six autres personnes sur le même siège. Pendant un moment j'observe la scène et je me pince. *Est-ce que je rêve? Est-ce possible?* Puis, d'un coup, mon puissant mantra me revient : *Je rentre à Niamey de façon confortable aujourd'hui... Abarkidi!*

Au moment où le conducteur remet le moteur en marche, j'aperçois, par la fenêtre ouverte, une des femmes du campement qui accourt vers nous. Elle tient, au bout de ses bras, mon sac à dos de jour que, dans mon excitation, j'avais oublié sur la natte. Avec un grand sourire, elle me remet le sac. *Merci ma belle et noble amie!*

Bien installé sur le siège arrière, Sanda, étonné de ce nouveau confort, se penche délicatement vers moi et, pour la première fois depuis que nous nous connaissons, il prend ma main dans les siennes, me regarde intensément dans les yeux et murmure d'une voix presque tremblante :

– Les plumes!

La chance est encore avec nous. Nous restons tous deux, bouche-bée, à goûter ces précieux instants jusqu'à ce que le conducteur interrompe cette délicieuse complicité afin de satisfaire sa curiosité.

– Vous vous connaissez depuis longtemps?

– Nous nous sommes rencontrés aux Jeux de la Francophonie en 2001, au Canada.

– Que faites-vous sur cette route?

Sanda répond à ses nombreuses interrogations dans la langue tamachek. Pendant ce temps, dans ma tête, le rêve de ma dernière nuit réapparaît. Je suis maintenant assise dans la jeep toute neuve de couleur bleu ciel, la jeep de mon rêve. En silence, je remercie la Vie.

– Quel est ton nom? me demande le conducteur.

– Je m'appelle Louise. Et toi?

– Sidi. Louise, quelle est ta profession?

– Je suis une enseignante à la retraite. Lorsque je voyage, je fais des recherches pour des films et des documentaires pour le compte de mon fils. Il est cinéaste. Et toi, qui es-tu?

– Je suis un voleur.

– Un voleur?

– Non, pas vraiment. Je suis « Che... Che Guevara »[11]. Tu le connais? répond-il en éclatant d'un rire moqueur.

Pendant qu'il poursuit en changeant souvent le sujet de conversation, je l'observe. *Pourquoi nous a-t-il pris à bord*

---

[11] Che Guevara – (1928-1967) Grand personnage qui a marqué l'histoire : ce jeune étudiant en médecine devient un révolutionnaire internationaliste dont le grand désir est d'éliminer la pauvreté en Amérique du Sud et à Cuba.

gratuitement? Est-il un véritable voleur? Son allure décontractée m'inspire confiance, son sourire aussi. *Mérite-t-il cette confiance?* Je cesse mon questionnement : il nous emmène à Niamey et je me sens en sécurité.

Les longues heures de voyage se peuplent de discussions entourant la politique, l'astronomie, le tourisme, la culture. Tout l'intéresse. Au contraire, le copilote n'ouvre pas la bouche. Pas un son, pas un sourire. Je suis de plus en plus curieuse.

— Pourquoi te rends-tu à Niamey aujourd'hui?

— Je vais prendre l'avion pour l'Angleterre. J'ai participé à un film pour le « National Geographic » et je vais à son lancement. Puis, je vais en France. J'organise des voyages dans l'Aïr.

— Ta clientèle est-elle assurée d'un certain confort?

— Bien sûr! Ce sont des excursions très bien organisées pour les touristes européens. Nous avons des jeeps confortables comme celle-ci et beaucoup de chameaux. Les chameliers guident les groupes et préparent la nourriture.

— Ce serait possible de l'offrir aux touristes québécois?

— Certainement.

Ce long voyage jusqu'à la capitale n'allait tout de même pas se dérouler sans embûches. Tout d'abord, une crevaison. Après le changement de pneu, Sidi s'arrête au village suivant, achète une nouvelle chambre à air et fait réparer le pneu. J'attends, assise sur un banc de fortune fabriqué d'une mince planche installée sur deux chaudières vides. Tout autour, c'est la ville, trépidante. Mon ouïe, désormais plus sensible, est agressée par les bruits ambiants : les automobiles, les enfants qui sortent de l'école, les crissements des machineries du garage, les pépiements stridents d'oiseaux. Au bout d'un moment qui paraît s'éterniser à cause du vacarme, nous remontons à bord de la jeep.

À l'approche d'une autre ville, Sidi annonce :

— Je vais vous laisser à un restaurant pendant que je visite le préfet du gouvernement. Je reviendrai vous prendre plus tard.

Mon cœur bascule. *C'est un voleur! Il nous laisse ici, il se débarrasse de nous, il part avec tous nos bagages.* Sidi pressent ma peur.

— Mon ami restera avec vous pendant que j'irai visiter le préfet. Il sera votre otage, la preuve que je reviendrai. Vous aurez le temps de commander un repas, dit-il d'un ton rassurant.

Mon cœur reprend son battement régulier. Tout est parfait. Et, un peu comme dans un conte de fées, nous sommes accueillis dans une oasis entourée d'une palissade de bois, parsemée d'arbres matures et de fleurs de toutes les couleurs. Un serveur apporte un menu. J'avais totalement oublié l'existence des tables, des choix de nourriture, des nappes. Je me rappelle mon mantra : *Je rentre à Niamey de façon confortable aujourd'hui.* Je prête le menu à Sanda, voulant être polie tout en oubliant qu'il ne sait pas lire. Son regard m'indique la surprise et l'embarras. Gentiment, le copilote reprend le menu et en fait la lecture à tout le groupe. Je me sens confuse et gênée.

— Tu veux un steak-frites? demande Sanda.

— Oui, ça me va. Merci!

J'ai l'impression que Sanda me pardonne ma maladresse, encore une fois, sans dire mot. Le langage du silence est maintenant aussi important entre nous que celui des mots. Et, tel que prévu, Sidi se joint à nous lorsque le serveur nous apporte, pour les quatre, deux assiettes de steaks-frites.

Après cette halte réconfortante, le voyage continue. Les villages se succèdent, de plus en plus nombreux, de plus en plus rapprochés. Des montagnes apparaissent à l'horizon, des champs de millet remplacent les dunes de sable. Puis, soudain, la route inondée, la même qui avait exigé un détournement par les pistes de dunes lors de notre premier passage, réapparaît. La situation ne s'est guère améliorée pendant notre périple à la fête : le pont qui relie les deux rives est complètement submergé. Un camion transportant deux mille sacs de riz est renversé sur le côté et sa précieuse cargaison repose au fond de la rivière grossie par les pluies. « Il y a un mort et des blessés », annonce un représentant de l'armée nigérienne envoyé pour porter secours. Des voyageurs traversent le pont, de l'eau jusqu'à la taille, les bagages empilés sur la tête. D'autres se retirent vers les abris de fortune ou sur un coin de natte pour passer la nuit en compagnie des millions de moustiques. Ils attendront le lever du jour pour traverser.

Sidi arrête le véhicule et examine la situation. D'un œil visiblement expérimenté, il scrute la hauteur des eaux, consulte quelques policiers et décide d'entreprendre la traversée sans attendre. Lentement, sous les yeux attentifs de la foule admirative, nous nous engageons sur un pont devenu invisible. Plus nous avançons, plus l'eau monte. Sidi ne s'arrête pas. Il va de l'avant, sans hésiter, tel un navire en pleine tempête. Mon cœur se débat dans ma poitrine alors que nous longeons le camion et les milliers de sacs de riz renversés. À la fin de l'héroïque traversée, Sidi éteint le moteur, le temps d'un léger séchage, puis nous repartons. *L'esprit des plumes*….

De nombreux kilomètres nous séparent encore de la capitale. Sidi manie le volant de la jeep depuis le lever du soleil sans répit. Avant que le soleil ne disparaisse à l'horizon, je lui adresse la parole :

– Tu sais, au Canada, je suis propriétaire d'une automobile depuis très longtemps et j'ai apporté avec moi mon permis de conduire. Si tu le veux, je peux te remplacer au volant afin que tu puisses faire une courte sieste avant la tombée de la nuit.

Visiblement surprise par ma proposition, il évite de justesse un véhicule qui vient vers nous. Après quelques minutes de silence, il répond simplement :

– C'est une idée intéressante.

Voilà! C'est tout. Cette idée allait demeurer une idée intéressante. Peut-être que, pour la première fois de sa vie, une femme, étrangère en plus, lui demande le volant de son véhicule. Il poursuit :

– Tu sais, hier soir, avant de m'endormir, j'ai dit à mon corps qu'il devait conduire mille kilomètres aujourd'hui. Il va le faire.

Tiens, tiens, un autre qui parle à ses cellules!

Plusieurs heures plus tard, Sidi nous dépose à proximité du même petit hôtel qui m'avait accueillie le premier soir de mon arrivée au Niger. La jeep bleue disparaît dans les rues sombres et agitées de la ville.

Je retourne à ma vie

— Chambre numéro 13, s'il vous plaît.

Sanda et moi ayant partagé bien des nattes, nous pouvons certainement partager une chambre d'hôtel. Il est devenu, au fil des jours et des semaines, un véritable frère. La chambre est simple, mais je retrouve un certain confort : l'électricité, l'eau courante, deux lits. Dans un coin, une salle de bains avec douche et bidet. Dans l'autre coin, une armoire et des tablettes. Sanda devine mon premier réflexe : prendre une douche.

La musique de l'eau, son odeur, sa caresse sur ma peau. Extase! Mes orteils bougent de plaisir pendant qu'une croûte épaisse se détache de mon corps. Je me lave. Jouissance.

La nuit est déjà avancée et la cuisine de l'hôtel a fermé ses portes. Sanda, affamé, cherche désespérément un peu de nourriture. Le portier de l'hôtel nous indique un restaurant situé à quelques pas, dans une rue avoisinante.

Le petit resto, passablement délabré, ne m'impressionne guère. Dehors, la serveuse et quelques hommes palabrent en buvant du cola. À l'intérieur, quelques tables crasseuses et des bancs fragiles. La peinture défraîchie, des odeurs d'humidité insalubre ne me donnent aucune envie de prendre un repas.

— Peut-on voir le menu? demande Sanda.

– Il n'y en a pas, répond la serveuse visiblement ennuyée par l'arrivée de nouveaux clients à une heure aussi tardive.

– Que peut-on manger ce soir?

– Il n'y a que des restes : du macaroni à la viande et un peu de bouilli, ajoute-t-elle, sans nous manifester le moindre intérêt.

Des restes, demeurés là tout le jour, à chauffer sous le trop brûlant soleil. J'entends clairement ma petite voix qui me talonne : *Ne mange pas ça! Ne mange pas ça! Tu peux attendre à demain.* Mais…

La serveuse dépose sur notre table deux assiettes bien remplies. Sanda choisit le bouilli et j'opte pour le reste du macaroni à la viande. Visiblement heureux, il déguste chaque bouchée de son assiette de riz et de viande pendant que je risque une minuscule bouchée de macaroni.

– Sanda, ce macaroni est avarié. Ce n'est pas bon.

– C'est possible. Tiens, mange du bouilli, dit-il en m'offrant de partager son assiette.

Mais il est déjà trop tard. Les particules de l'infecte nourriture ont déjà infiltré mon système digestif. Aussitôt que Sanda termine son assiette de bouilli, nous rentrons à notre chambre d'hôtel à trois étoiles – je suis maintenant habituée à des milliers d'étoiles – afin de récupérer de nombreux sommeils écourtés par les récentes tempêtes. Je n'ai ni le temps ni le loisir d'apprécier mon petit lit confortable et blanc. Mon système digestif se révolte contre le macaroni. Mon ventre se tord, se crispe, crie, hurle, me jette à terre. Je grelotte. Ma tête explose. J'avale trois capsules de charbon végétal activé avec un peu d'eau de ma gourde. Mais les crampes s'intensifient. Écrasée sur le plancher de la salle de bain, j'éclate en sanglots.

Mes forces m'ont quittée. Je ne suis plus qu'une loque molle gisant sur le plancher glacé. La mort a sûrement meilleur goût que cette douleur insupportable. Un instant durant, j'ai vraiment l'envie de mourir. Pourtant, je me suis rendue jusqu'ici. J'ai enduré la faim, la soif, la chaleur, la solitude. Mon corps amaigri a connu la déshydratation. Mes os ont fait mal. J'ai survécu à tout ça pour laisser ma peau dans cet hôtel? *Non! Pas si vite! Pas maintenant!* Je revois ma vie, les miens, le voyage au pays des Peuls. *N'est-ce pas ce qui se passe quand on meurt? On revoit sa vie, et puis, ça y est.* D'un coup, quelque chose lâche à l'intérieur de moi : *si c'est ici que mon expérience terrestre doit se terminer, eh bien d'accord, j'accepte.* Dans cet état de totale acceptation, je remercie du plus profond de mon cœur la maladie de n'apparaître que maintenant et non au milieu du désert. Je la remercie de m'avoir épargnée jusqu'à ce jour et je me laisse aller à elle. Je me donne, je m'abandonne à elle. En cet instant précis, la douleur me quitte. Je n'ai plus mal. Tout est redevenu calme, instantanément. *Que s'est-il passé? Un miracle? L'esprit des plumes? L'effet du charbon végétal?* Je réfléchirai plus tard. Épuisée, je m'évanouis sur mon petit lit blanc pour le reste de la nuit.

Au matin, toujours en vie, je remercie chacune des cellules de mon corps pour la santé parfaite dans laquelle je me trouve malgré l'empoisonnement de la veille.

Après ma toilette matinale, je m'arrête, un bref instant, devant le minuscule miroir accroché à un clou, derrière la porte. Je dois m'étirer un peu, me lever sur la pointe des pieds pour apercevoir le haut de mon visage. Ce que je vois m'étonne.

Une luminosité exceptionnelle émane de mes yeux, entoure mon visage. Je regarde encore et encore. De plus près : je prends le miroir dans mes mains et m'aperçois que tout mon corps baigne dans un reflet lumineux. C'est là que, soudain, de l'intérieur, surgit un intense sentiment d'amour, un amour pour Sanda, pour sa famille, ses frères, ses sœurs, le peuple peul dans son entier. Et puis la sensation d'amour se met à grandir, à remplir mon espace, mon cœur, mon âme. Toute limite disparaît. Immense, l'Amour bondit, s'élargit, étend ses ondes sur tout le continent africain, traverse l'océan, les Amériques et bientôt tous les autres continents. Je me sens flotter dans un pur espace de lumière et d'amour et je demeure là quelques instants, immobile, bouleversée. Le temps s'arrête, et puis à nouveau, la sensation d'un bonheur sans limite me traverse. Je me sens amoureuse de tout, unie à Tout. Je me laisse bercer par cet océan d'Amour. Une jouissance pure, totale. Le temps s'efface, n'existe plus. Seul, l'Amour est là, présent en moi, autour de moi, en tout.

Lorsque, toujours seule devant le miroir de la salle de bain, je reviens à mes sens, dans mon corps, l'aura lumineuse a disparu.

C'est dans cet état d'extase que, délicatement, j'entrouvre la porte de la salle de bains. Sanda, debout, m'attend.

– Louise, tu as été malade durant la nuit?

– Oui! J'ai été très malade. J'ai même cru que j'allais mourir. Mais ce matin, je me sens très bien. Nous allons passer une journée magnifique et je prends mon avion ce soir, tel que prévu.

Ces simples explications ne suffisent pas à mon hôte. Chez lui, aucun médicament n'allège les douleurs aussi rapidement. Il me questionne. Nous discutons et je lui offre, avec des instructions précises, tous les médicaments que j'ai en ma possession. Il les dépose au creux de sa longue robe mais ajoute, subtilement :

– Les plumes?

Sanda connaît le pouvoir des talismans. Les plumes ont été les messagères de mon plus grand désir : partager la vie des nomades du désert. Elles ont aussi été le symbole qui a uni nos deux cultures.

Avec beaucoup de joie, nous retrouvons aujourd'hui Christian à Niamey. Après une promenade dans la capitale et avant que la nuit ne remplace le jour, nous nous dirigeons vers le fleuve Niger pour saluer le coucher de soleil. Bière en main, confortablement assise sur la terrasse du Grand Hôtel, je raconte à Christian nos dernières aventures au pays des nomades. Alors qu'à l'aide de grands gestes, je décris l'apparition de la jeep bleue sur la route, au sud d'Agadez, j'aperçois un grand homme bleu enturbanné qui marche vers nous. J'ouvre et je ferme les yeux, croyant avoir la berlue. *Mais oui, c'est bien lui, c'est Sidi!* Le conducteur de la jeep bleue est debout, sur la terrasse. *La magie, toujours.* Surpris à son tour, Sidi se joint à nos conversations et tous ensemble, nous admirons le coucher de soleil sur le fleuve, un spectacle d'une rare beauté.

Ce soir-là, Sanda et Christian me reconduisent à l'aéroport. Le mantra me revient : *Je rentre à Niamey de façon confortable et j'arrive à temps pour prendre mon avion.*

Je suis revenue à Niamey de façon confortable et je

suis arrivée à temps pour prendre l'avion.

Pour la dernière fois, mon regard rencontre celui de Sanda. Je ne sais que dire. Sanda brise le silence.

— Louise, tu m'as dit que ton fils fait des films. Quand viendras-tu avec lui filmer la vie de mon peuple?

Faire un film? Voilà que la deuxième énigme de cette aventure trouve sa solution. Je connais maintenant les deux raisons pour lesquelles Sanda m'a invitée : il m'a déjà demandé de l'aide pour creuser un puits et il veut que mon fils immortalise avec sa caméra la vie des nomades du Sahara avant qu'elle ne soit à jamais transformée par la sédentarisation. *Un puits et un film?* J'ai du pain sur la planche et peu d'énergie actuellement pour y faire face. *On verra bien, l'Univers me viendra en aide.*

Les adieux étant toujours difficiles, je regarde Sanda dans les yeux et je frotte ma main droite contre la sienne.

— Foma, foma, Abarkidi Sanda.

Son regard fixé dans le mien, l'index pointé vers sa tête, il dit :

— Toi, tu as écrit le voyage dans ton cahier. Moi, je l'ai tout écrit dans ma tête.

Le haut-parleur annonce l'embarquement.

— Foma, foma.

— Foma, foma.

Épilogue

Le retour à la civilisation nord-américaine a été un exercice à la fois fascinant et difficile. Le confort s'est manifesté à chaque étape sous diverses formes : chambre climatisée au bord de la mer à l'escale de Casablanca, fauteuil en première classe sans le demander, nourriture abondante et variée. Mes cellules, généreuses, ont attendu que je sois revenue au pays avant de laisser la maladie me terrasser. Il m'a fallu plusieurs mois pour redonner, avec l'aide de médecins compétents, la santé à mon corps déshydraté et épuisé.

De l'extérieur, les maisons étaient devenues gigantesques. De l'intérieur, les murs m'enfermaient de toutes parts. Je me sentais perdue sans mes protecteurs peuls. Je ne voyais plus l'horizon. Il me manquait. Plusieurs fois, je suis sortie de chez moi pour me soulager comme en brousse, derrière un buisson. Le matin, j'avais du mal à me passer du goût du lait chaud et crémeux et, la nuit, je cherchais les étoiles.

Mon amour pour le peuple peul est resté intact avec les années et j'ai pu réunir l'argent nécessaire pour creuser un puits dans la région de Tagayet, près de l'endroit où mes amis m'ont emmenée. Bientôt, les nomades du désert vont se sédentariser, fatigués de se battre contre les éléments. Avant que leur mode de vie ne disparaisse, il était important de tourner le film qui en préservera la mémoire. Il fallait faire vite. En ce XXIᵉ siècle, le temps du désert s'accélère.

Aussi, trois ans plus tard, je suis retournée au Niger accompagnée de mon fils cinéaste, Matthiew Klinck. J'ai vu le puits dont avaient tant besoin mes amis peuls et j'ai bu son eau claire. J'ai aussi vu de nombreuses familles, nomades depuis toujours, maintenant sédentarisées autour du puits et formant le nouveau village de Tagayet. J'ai visité la nouvelle école construite par l'ONG française « Lézarts humanitaires » fréquentée par des enfants qui m'ont saluée dans ma langue. Que de changements en si peu de temps!

Matthiew a tourné des images saisissantes de la vie de ces familles sédentarisées, mais également de la vie nomade qui subsiste dans le Sahara. Son film montrera un peuple déterminé à survivre, et ceci dans des conditions difficilement imaginables. La musique du film, « Tagayet », composée par Daniel Bouliane, ospirale@ondespirale.com est jouée sur les ondes de plusieurs pays.

Depuis sa première publication à L'ABC de l'édition en 2007, le livre s'est aventuré de par le monde, grâce à Internet. Ainsi, un Belge, Louis de Ryckel l'a lu, aimé et partagé avec Bernadette Mols et Gérard Thomas de la maison d'édition Thomas-Mols de Belgique qui le publieront, à l'automne 2008, sous le titre « Soif ». Je leur suis d'une extrême reconnaissance de donner un nouveau souffle au récit. Le voyage continue...

Louise Dallaire
Gatineau, ce 10 juillet 2008

Hommage
à Sanda et Oussa

Vos enfants ont amassé les morceaux de bois sec poussés par les vents du désert,

Vos femmes ont allumé le feu. Elles ont cuit le riz que nous avons dégusté ensemble,

Vos amis m'ont protégée des dangers à chaque instant de mon séjour parmi vous,

Vos frères m'ont accueillie, moi, l'étrangère au visage pâle. Ils m'ont traitée avec respect dans la joie simple et paisible qui est vôtre,

Vos vaches m'ont nourrie de leur lait chaud, riche et crémeux,

Un de vos moutons a donné sa vie pour que nous fêtions ma présence sur le sol qui vous a vus naître,

Vos filles, vos femmes, vos sœurs m'ont décorée de bracelets et de bijoux fabriqués de leurs mains,

Et vous deux, Sanda et Oussa, vous avez été de fidèles compagnons de route, de véritables frères.

Pour tout ceci, chaque jour de ma vie, je vous suis reconnaissante.

Abarkidi, mes amis!

Sanda

Oussa

Gratitude

L'idée de ce livre est née, une nuit, sur le sable d'Abalak, pendant un rêve. Depuis, elle a cheminé doucement, des années durant, et est devenue un manuscrit que plusieurs mains adroites m'ont aidée à transformer en l'ouvrage que vous tenez entre vos mains.

Merci à Paôla Lyonnais de m'avoir invitée à une marche dans le désert marocain, prélude à mon séjour chez les nomades du Niger.

Abarkidi Christian Lamonde d'avoir si gentiment accepté de m'accompagner à la Cure salée. Tu as été mon ami, mon fils, mon complice.

Je remercie chaleureusement mon amie Thérèse, qui m'a poussée à écrire cette histoire, tâche dont je n'avais pas mesuré l'ampleur, et qui m'a accompagnée tout au long du périple.

Grâce à son génie des mots, l'auteure Catherine Passever-Yoffé a donné au manuscrit un élan, une permission d'être, une fluidité. Merci Catherine. Je n'oublierai jamais.

Mon amie et rédactrice Joce-Lynne Proulx a peaufiné dans la douceur cette histoire afin qu'elle glisse dans notre conscience tout en y laissant quelques traces. Merci Joce-Lynne.

Merci à ceux et celles qui ont accepté d'être les lecteurs d'avant-garde : Hélène Sati Lavoie, Jean-Marie Brière, Cécile Robitaille, mes deux fils, Matthiew Klinck et David Klinck, et mon père, Joseph Dallaire.

Merci à Robert Klinck pour son appui inconditionnel et pour ses talents d'artiste que démontrent les dessins de ce livre.

Merci à ceux et celles qui ont organisé les mini-conférences et qui y ont participé. Ces soirées m'ont permis de mettre en lumière les moments forts de mon voyage.

Je remercie Lyne Fortin et Chantal Moore, de L'ABC de l'édition, pour leurs conseils judicieux et leur professionnalisme.

Finalement, un merci particulier à tous ceux et celles qui m'ont prêté une oreille attentive et qui ont cru possible la réalisation de ce livre.

La Vie vous a mis sur ma route… Gratitude!

Table des matières